"十三五"职业教育国家规划教材配套教材

走 进 职 场

徐莉　黄学兰　贺小琴　主编

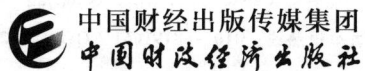

中国财经出版传媒集团
中国财政经济出版社

图书在版编目（CIP）数据

走进职场／徐莉，黄学兰，贺小琴主编．――北京：中国财政经济出版社，2021.8

"十三五"职业教育国家规划教材配套教材

ISBN 978-7-5223-0683-4

Ⅰ.①走… Ⅱ.①徐… ②黄… ③贺… Ⅲ.①职业选择－中等专业学校－教材 Ⅳ.①G717.38

中国版本图书馆 CIP 数据核字（2021）第 149321 号

责任编辑：蔡　宾　　　　　责任校对：张　凡
封面设计：新金课

走进职场
ZOUJIN ZHICHANG

中国财政经济出版社 出版

URL：http：//www.cfeph.cn
E－mail：cfeph@cfeph.cn

（版权所有　翻印必究）

社址：北京市海淀区阜成路甲 28 号　邮政编码：100142
营销中心电话：010-88191522　编辑部门电话：010-88190666
天猫网店：中国财政经济出版社旗舰店
网址：https：//zgczjjcbs.tmall.com
北京富生印刷厂印刷　各地新华书店经销
成品尺寸：185mm×260mm　16 开　9.5 印张　214 000 字
2021 年 9 月第 1 版　2021 年 9 月北京第 1 次印刷
定价：27.00 元
ISBN 978-7-5223-0683-4
（图书出现印装问题，本社负责调换，电话：010-88190548）
本社质量投诉电话：010-88190744
打击盗版举报热线：010-88191661　QQ：2242791300

编委会成员

主 编：徐 莉　黄学兰　贺小琴
副主编：程思豪　苟印东　贺树生
编 委：余 跃　钟显平　贺红宾　游来凰　夏于胜
　　　　宋小琴　刘 娇　宋 峰　皮昭忠　石治勇
　　　　周姗姗　谭 剑　何 水　张 鸿

前 言

自2015年起,每年5月的第二周被国务院确定为"职业教育活动周"。2015年5月10日,首届职业教育活动周启动,活动主题为"支撑中国制造·成就出彩人生"。李克强总理就此作出重要批示并指出:加快发展现代职业教育,是发挥我国巨大人力优势,促进大众创业、万众创新的战略之举。"职业教育活动周"的设立,目的是要在全社会弘扬劳动光荣、技能宝贵、创造伟大的时代风尚,形成"崇尚一技之长、不唯学历凭能力"的良好氛围。要坚持以提高质量、促进就业、服务发展为导向,注重改革创新,深化产教融合,推动职业教育发展实现新跨越,进一步培养形成高素质的劳动大军,进一步提高中国制造和服务的水平,进一步增强产业国际竞争力。

职业教育就是就业教育,今天的学习就是为了明天的就业。中国的职业教育,即将集中发力。600多所普通本科院校,将向职业教育转型。作为中职学生的我们,怎样在今后的职业竞争中立于不败之地?这是每一个职校生当深思的问题。

就当前形势而言,中职生就业观念的转变是最重要的。这是时代的变革,这是时代的选择,更是中国产业结构向高端制造转型升级的时势要求。中国改革开放40多年后,随着经济的发展,"人口红利"即将耗尽,人才结构性矛盾越发突出,高层次技术技能型人才的数量和结构远不能满足市场需求。"宁做三千块的办公室白领,不做月薪上万元的高级技工",是不少"90后"和家长们的共同想法。而重庆普通高校毕业生平均签约率只有70%左右,很多人一毕业就意味着失业,这是职校生的机遇。

有着一技之长的职校学子,如何才能在今后的人生旅程中走得稳,走得远,走得好呢?刘延东副总理指出:"技术技能筑牢强国基石,职业教育成就出彩人生。要大力发展职业教育,将其摆在经济社会发展和教育综合改革的突出位置,优先支持,加快构建现代职业教育体系。"这是职校生的机遇!

"技不压身，学好技术，就有了走遍天下都不怕的本事。这是一辈子都打不破的铁饭碗。"这是2014年5月国务院总理李克强在赤峰工业职业技术学院考察时对学生们所说。作为一名职校生，除了练好技能本领，有一技之长，成为别人无法替代的技能型人才，更需要成为有理想，有礼仪，有法纪意识，有创新精神，有职业道德的"大国工匠"。

"大国工匠"缔造了神话，成为一代传奇。有追求的你们，将缔造一个又一个更新的传奇。

中等职业学校学生是国家各行各业技能人才的后备力量。目前，根据我校的培养目标，毕业生就业方向和就业后在职场所遇到的困惑等情况，学生怎样选择适合自己的职业，如何规划自己的职业发展道路，使自己适应于竞争激烈的社会环境，是摆在每一位中职生面前既紧迫又现实的问题。为了适应这种形势的需要，根据党的十八大精神，我们编写了这本《走进职场》。

本书是按教育部2014年最新颁布的《中等职业教育德育大纲（2014年修订）》编写的，本书以毛泽东思想、邓小平理论、"三个代表"重要思想、科学发展观和习近平新时代中国特色社会主义思想为指导，全面贯彻党的教育方针，根据党的十九大精神，对学生进行走进职场方面的教育，引导学生树立正确的职业观念和职业理想，学会根据社会需要和职场规则来规范和调整自己的行为，为顺利就业、创业创造条件。

本书的编写密切联系学生实际和时代实际，坚持以价值观教育引导知识教育，改进教育教学方法，注重实践、体验和养成教育相结合，旨在达成知识学习、情感培养和行为养成的教学目的。通过对本书的学习能够使学生了解社会主义核心价值观、社会和职业道德、职业礼仪等基本知识，培养学生良好的社会道德品质，提高自身的职业素养。

本书的体例设计如下：

（1）知识探究：阐述每一课主要的知识点；

（2）案例启迪：用生动的案例帮助学生进一步理解掌握相关知识点；

（3）活动体验：设置具有启发性的活动，提高学生的学习水平、能力水平和认知水平；

（4）反观自我：每一课知识学完给孩子一个反省的时间，从而提升自己。

本书总学时为40-43学时，每周2学时。教学时间为40学时，考核为1学时，机动为2学时。具体安排如下：

课程内容	学时
课程介绍	1
第一单元核心价值观	5
第二单元生涯规划	5
第三单元认识职场	6
第四单元走进职场	6
第五单元职业素养	6
第六单元创业发展	6
第七单元行政科普	5
考核	1
机动	2
合计	43

由于编者水平有限以及编写时间仓促，书中难免存在不妥之处，敬请广大读者批评指正，以求日臻完善。

编者

2021 年 5 月

给职场新人的祝福语

1. 每一个懂得如何读书的人，就懂得如何利用所学来增进自己的能力，改善自己生活的方式，并使生活充满意义与乐趣。

2. 成功来自勤奋，智慧不是自然的恩惠，而是勤奋的结果。只有把握住勤奋的钥匙，才能打开知识宝库的大门。

3. 繁忙的工作不要太累，烦心的事情乐观面对，心中的追求永不荒废，真诚的友谊最为可贵，放松的时候偶尔一醉，快乐的心情年年岁岁。祝你工作顺利！

4. 纵然我没有惊世才华，纵然我没有丰厚财富，但是我有满腔的热情，我有乐观的态度，因为我相信：只要努力，一切皆有可能！

5. 为健康和快乐打气，为事业和成功加油，为生活和家庭微笑，为未来和希望努力，祝愿你天天都有好心情，刻刻幸福又甜蜜。

6. 给自己一个远大的前程和目标，记得常常仰望天空，记住仰望天空的时候也看看脚下。

7. 对生活：刷刷牙，洗洗脸，迎接美好每一天。对亲人：长要敬，幼要疼。对工作：洒热情，收获丰。愿你每天都幸福美满。

8. 世界大了，人就小了；目光远了，事就小了；见得多了，就不怪了；看得远了，步就大了；走得高了，心就宽了；积累多了，求得少了；人生顺了，梦就成了。

9. 站在青春里，遍地美好。就算那里的烦恼特别多，那里的遗憾忘不掉，可是留白的青春，一样重要，一样美好。

10. 我把新世纪的祝福和希望，悄悄地放在将融的雪被下，让它们，沿着春天的秧苗生长，送给你满年的丰硕与芬芳！

11. 伤痛使你更坚强，眼泪使你更勇敢，心碎使你更明智。所以，感谢过去吧，它会带给我们一个更好的未来。

12. 面对暴雨狂风，树木不改颜容，笑对轻松，愈发郁郁葱葱；经历挫折困难，创业不要嫌麻烦，迎接挑战，赢得艳阳一片天，胜利是属于你的。

13. 沉默，是为了下一秒突破；低头，是为了下一秒的抬头；平静，是为了下一秒的突进，这一刻，让我们屏住呼吸，看你们创造奇迹。

14. 勤奋是一种财富，就看你能不能得到这些财富，看你是不是能发现更多勤奋的财富，努力吧，加油吧，让我们得到更多勤奋的财富吧。

15. 过去属于死神，未来属于自己，后悔过去，不如奋斗将来。拼搏，奋发，向上。

16. 我们要振作精神，下苦功学习。下苦功，三个字，一个叫下，一个叫苦，一个叫功，一定要振作精神，下苦功。

17. 不抬腿，跨不过栅栏；不迈步，登不上高山；空想家，沃土上收获不到五谷；实干者，沙漠里能挖出清泉。丢掉幻想扎实干，奋斗前景才灿烂！

18. 给人生一个梦，给梦一条路，给路一个方向。跌倒了要学会自己爬起来，受伤了要学会自己疗伤生命只有走出来的精彩，没有等待出来的辉煌。

19. 在希望与失望的决斗中，如果你用勇气与坚决的双手紧握着，胜利必属于希望。

20. 当我们把一切不如意甩在身后，当我们把一切困难当作历练，那么成功和胜利就离我们不远了。

21. 我相信，无论今后的道路多么坎坷，只要抓住今天，迟早会在奋斗中尝到人生的甘甜。抓住人生中的一分一秒，胜过虚度中的一月一年！

22. 在懒汉的眼里，汗是苦的、脏的，在勤者的心上，汗是甜的，在勤者的心上，汗是甜的、美的。

23. 不管人生是一首生命赞歌还是一首生活短歌，我们都应该用准确的音调去吟唱，去歌颂，去赞美。

24. 花开一春，蝉鸣一夏，生命若只是在于长短，世界为何会记住春天的百花齐放，生命若不是在于灿烂，记忆中的蝉鸣怎会如此清晰悦耳生于世上，自当活出灿烂，活出精彩。

25. 人活着就要坚强，勇敢的去接纳你身边所发生的事情。一切都会过去，一切都会好起来。

目 录

第一单元　核心价值观 ··（ 1 ）
　　第一节　讲道德　促和谐 ··（ 2 ）
　　第二节　弘扬法治精神 ··（ 10 ）

第二单元　生涯规划 ··（ 18 ）
　　第一节　职业生涯规划 ··（ 18 ）
　　第二节　立足本人实际 ··（ 22 ）
　　第三节　善于把握机遇 ··（ 23 ）
　　第四节　确定发展目标 ··（ 24 ）
　　第五节　时刻提升自我 ··（ 30 ）
　　第六节　专注就是专业 ··（ 31 ）

第三单元　认识职场 ··（ 33 ）
　　第一节　中职学生就业准备 ···（ 34 ）
　　第二节　新时代需要的人才 ···（ 36 ）
　　第三节　获得工作的途径 ··（ 38 ）
　　第四节　获得工作的技巧 ··（ 39 ）
　　第五节　工作适合自己就好 ···（ 41 ）
　　第六节　走进职场需做的准备 ······································（ 43 ）

第四单元　走进职场 ··（ 47 ）
　　第一节　职场生存法则 ··（ 47 ）
　　第二节　为人处世之道 ··（ 51 ）
　　第三节　职场处世误区 ··（ 54 ）
　　第四节　职场交际介绍 ··（ 65 ）

第五节	职场礼仪介绍	（70）
第六节	职场压力认识	（83）
第七节	提升人格魅力	（89）

第五单元　职业素养 …………………………………………（91）

第一节	职业道德	（92）
第二节	职业习惯	(105)
第三节	职业技能	(106)

第六单元　创业发展 …………………………………………(116)

第一节	创业创新	(116)
第二节	创业成功	(117)
第三节	创新实践	(118)
第四节	合作创业	(119)

第七单元　行政科普 …………………………………………(121)

第一节	人事档案	(121)
第二节	户籍改革	(122)
第三节	养老保险	(123)
第四节	教师资格	(124)
第五节	退休方案	(125)
第六节	法律解读	(126)

第一单元
核心价值观

国家层面：富强　民主　文明　和谐

价值观是人们心中的深层信念系统，核心价值观能否与时俱进，直接影响到一个国家的凝聚力和影响力。2020年，实现国内生产总值和城乡居民人均收入比2010年翻一番。当全面建成小康的目标为世界瞩目之时，中国人的家国情怀汇聚、升腾，富强、民主、文明、和谐，成为全国人民共同的价值追求。

社会层面：自由　平等　公正　法治

回望40多年前，改革开放给"板结化"的社会以松动的空间，激发出社会的巨大活力，也正是以此为始，一个又一个传奇在中国大地不断生长。10年来，从提出到完善，成为"五位一体"格局的重要一环。与此同时，社会转型期的各类矛盾与问题也纷至沓来。在思想、文化、利益多元多样多变的时代，社会对"共识"的需要显得尤为迫切。

公民层面：爱国　敬业　诚信　友善

价值观最基本的主体还是个人。社会主义核心价值体系践行的主体，既包括政党和国家，也包括广大人民群众，但最重要的主体应是个人，是最广大的人民群众。"三个倡导"，涉及国家、社会、个人三个层次，个人是基础，社会要共同努力，才能实现国家的富强、民主、文明、和谐。

第一节　讲道德　促和谐

道德是人们共同生活及其行为的准则和规范。道德通过社会的或一定阶级的舆论对社会生活起约束作用。根据人类活动的类别不同也产生了不同类别的道德，人类活动可以分为社会生活、家庭婚姻生活和职业生活。因此也相应产生了社会公德、家庭婚姻道德和职业道德。

党的十八大报告指出：大力弘扬民族精神和时代精神，深入发展爱国主义、集体主义、社会主义教育，丰富人民精神世界，增强人民力量。倡导富强、民主、文明、和谐，倡导自由、平等、公正、法治，倡导爱国、敬业、诚信、友善，积极培育和践行社会主义核心价值观。要坚持依法治国和以德治国相结合，加强社会公德、职业道德、家庭美德、个人品德教育，弘扬中华传统美德，弘扬时代新风。推进公民道德建设工程，弘扬真善美、贬斥假恶丑，引导人们自觉履行法定义务、社会责任、家庭责任，营造劳动光荣、创造伟大的社会氛围，培育知荣辱、讲正气、做奉献、促和谐的良好风尚。

2001年，中共中央印发的《公民道德建设实施纲要》把公民的基本道德规范集中概括为20个字：爱国守法、明礼诚信、团结友善、勤俭自强、敬业奉献。

知识探究

爱国守法

"爱国"其内涵就是热爱祖国，报效人民，维护国家统一，捍卫民族尊严。"守法"其内涵就是学法、知法、用法，自觉维护宪法和法律权威。

案例启迪

边次一家在参加集体活动、社会活动中，总是能模范遵守国家的法律、法规，遵守村规民约，积极缴纳社会公益款，从未出现过任何违法乱纪的现象。他始终如一的坚持"以遵纪守法为荣、以违法乱纪为耻"的社会主义道德观念让遵纪守法成为他的荣誉。他牢固树立科学发展观和社会主义荣辱观，反对分裂，维护祖国统一。作为一名普通农民，他一直默默地实践着带头致富和扶贫帮困的座右铭，当需要帮助的村民进入他的视线，也就一定进了他的心里，他给他们讲解科学技术知识，做人的道理，带领村里的年轻人外出务工，他对农技推广事业的赤子心依然没改变，他仍坚持长年搞技术指导与咨询，试验、示范、推广先进的农业实用技术，在农民家中和田间地头将科技成果转化为现实生产力提高经济效益，并当好农民的技术参谋。他说："我也做了一生自己应该做的事情，今后还要更加努力，争取做得更好，努力发扬中华民族孝老爱亲的美德。"正是这点点的爱心滋润着仁布村人们的心田，犹如一盏明灯，指引着人们的航向。边次同志懂事以来，他家从未和周围的几十户邻里产生矛盾，大家都本着和平共处相互尊重的原则，一家有难、多家支援，把邻里关系处理的很不错，他积极推动参与社会公益活动，积极弘扬"奉献、团结、互助、进步"的精神,将助人为乐当作是自己最快乐的事,将大爱无私传递给身边的每一个人。他用点点滴滴感动人,用亲情服务温暖人,以实际的行动开展义务志愿服务活动。在做好本职工作的基础上,增强了"以遵纪守法为荣、以违法乱纪为耻,坚决同违法乱纪作斗争"的信念。

活动体验

请大家以"祖国在我心中"为主题办一份手抄报。

反观自我

知识探究

明礼诚信

"明礼""诚信"作为公民最基本的道德规范之一,它要求我们无论在个人家庭生活、职业场所还是公共场合,都要做到讲文明、懂礼貌,行为举止要得体、适宜,说话做事要诚恳讲信用,说老实话,做老实事。

案例启迪

尼玛顿珠,男,藏族,1965年6月生,中共党员,西藏自治区阿里地区改则县物玛乡抢古村党支部书记。

尼玛顿珠践行打赢改革试点攻坚战,为牧区改革发展探索新路的承诺,带领村民大胆创新,成立牧民集体经济合作社,推行牧区改革发展新模式,实现整村脱贫,为牧区改革积累了经验、树立了典范,是牧民们的"领头雁"。

2015年,抢古村被列入全县牧区改革试点村。尼玛顿珠拍着胸脯保证,"坚决打赢改革试点攻坚战,为牧区改革发展探索出一条新路子。"

尼玛顿珠充分发挥"领头雁""排头兵"作用,用以身作则的行动增进民族团结,带领群众以牲畜入股、劳动力入股、联户放牧、草场流转的"四个入股"方式参与合作社运营;整合资源推动村集体经济规模化发展,探索总结出"劳动力统一安排、草场统一管理、畜产品统一购销、经营收入统一分配、无劳动力和孤寡老人统一供养、在校生统一记分"的"六个统一"运作模式,促进了牧户与村经营主体"联产联业""联股联心",增强了村民的集体意识、合作意识、市场意识,实现了由过去的粗放式经营向集约化经营转变,确保了群众收入有保障、可持续。他的成功经验对于推动牧区村集体经济规模化、组织化、市场化发展具有重要意义。

在尼玛顿珠的带领下,党支部全体成员团结一心,勇打硬仗,改革创新。成立抢古村牧民集体经济合作社，实现粗放式经营向集约化经营的转变，全村85%以上村民主动申请加入。群众以牲畜入股、劳动力入股、联户放牧、草场流转的"四个入股"方式参与合作社运营，整合资源推动村集体经济规模化发展，确立了劳动力统一安排、草场统一管理、畜产品统一购销、经营收入统一分配、无劳动力和孤寡老人统一供养、在校生统一记分的"六个统一"运作模式，促进了牧户与村经营主体"联产联业""联股联心"。根据村里富余劳动力实际情况，科学分配工作岗位，既解决了富余劳动力就业问题，又促进了多产业同时发展。整合农牧、水利、扶贫等涉农项目资金328万多元，用于标准化牛圈、羊圈、人工草场等牧业基础设施项目建设。就这样，抢古村改革试点工作一步步全面铺开，走向正轨。

2017年，全村入社牧民人均可支配收入14700多元，全村21名孤寡老人每人分红4288元，74名在校生每人分红1150元，实现了"老有所养、幼有所教"；2018年，全村各项产业总收入339万多元。目前，抢古村改革发展模式已经面向改则县的47个村以及其他6个县的12个村进行推广。

活动体验

大家分组讨论，写一份明礼诚信的演讲稿，并请代表上台演讲。

反观自我

知识探究

团结友善

团结友善作为公民基本道德规范，其基本内容是在追求共同理想中，通过弘扬集体主义精神和团队精神，形成全社会凝聚力。

案例启迪

作为一名维吾尔族干部，阿力甫江买买提同志把"加强民族团结，责任重于泰山"作为自己的座右铭，在日常工作和生活中坚决维护民族团结，自觉做局党组和干部职工的"调节剂"、汉族干部和民族干部的"融合剂"，使"三个离不开"思想在全局246名干部职工中生根、开花、结果。在新疆，民族团结是鉴别干部，尤其是党员干部的试验地。俗话说："天下大事，必作于细"，民族团结不是一两个人的事情，事关集体中的每一个人，要发挥每个人的凝聚力、向心力，一个民族团结的集体，需要各民族用真诚爱心去呵护，用点滴真情去升华，只有这样才能体现出各民族间感情的融合，只有这样才能让我们牢记民族团结是新疆各民族的生命线。作为沙区国税局的副局长、党总支部书记，阿力甫江买买提时刻绷紧民族团结的弦,他认真学习党的民族政策和民族理论,自觉划清"四个界限",坚决反对民族分裂,努力践行"三个离不开"思想,多年的学习和修养,使他有了较高的政治觉悟和理论素养,多年来与汉族同志们的朝夕相处,使他拥有了一套务实的民族团结工作经验,使其成为全局干部的"放心牌"领导,也成为各族同事心目中能够说知心话的好同事。作为一名受党教育多年的维吾尔族干部,阿力甫江买买提在大是大非面前讲党性、讲原则,从不因为自己是一名民族干部而偏袒少数民族干部,不了解他的人说他是一位不讲情面的领导,那是因为他党性强、政策性强,大是大非面前讲原则;了解他的人说他是一位平易近人的领导,那是因为他觉悟高,认识到位,心中装着民族团结,拥有一架各民族平等相处的天平。拥有这架天平,在与干部谈心解决个别干部思想问题时就有了一个尺度。

活动体验

我班这学期从新疆转来了一名维吾尔族的同学,他非常喜欢吃羊肉,不吃猪肉。在他生日这天,他邀请你去他家做客,你看到满桌的羊肉感到不适,这个时候你该咋办呢?

反观自我

知识探究

勤俭自强

勤俭是中华民族的传统美德,勤俭的基本内容是勤劳、勤奋、俭朴,它反映的是每个人对待劳动、学习、工作的态度和个人品质。

自强的基本内容是自尊、自立,生命不止,奋斗不息。自强不息表现为个体的顽强毅力和不屈不挠的精神风貌。

案例启迪

张钰珊,女,11岁,就读于景州联小四(6)班。她是一个团结同学、尊敬老师、孝敬长辈、勤俭节约的好孩子。张钰珊同学家境贫寒,爸爸在外工作,妈妈又患有慢性病,一人在家操持家务,还要照看幼小的妹妹,家庭收入很低,所以她养成了勤俭节约的好习惯。在家里,从来不乱花钱,不买零食吃,吃饭时,从不乱倒饭菜,决不浪费一粒粮食,如果有什么好吃的东西,她总是给妈妈和妹妹留着,让她们先吃,主动地帮助妈妈做一些力所能及的家务。在学校学习时,她勤俭节约地使用学习用具,不浪费纸张,不追求时尚的学习用品,将用过的纸张用来当草稿纸,并感染着身边的同学,时常鼓励他们要勤俭节约。另外,有时她会看到水龙头没关上,就马上过去关上它,以防水资源的浪费。每次下课时，她都会主动关闭电灯、电扇等，不让资源流失。学习中，一张纸，她都不会随便丢弃；一块橡皮，她要用到不能再用为止；教室里，她建议同学们把废旧纸张扔在一个角落里，收集起来。收集变卖的钱当做班费。她觉得勤俭节约是一种品质，会改变每个人的生活；节约是一种高尚，只有做到勤俭节约，才能使我们的生活更美好。

  他叫李杰立，龙凤小学一个普通的少先队员，出生于个经济不宽裕的家庭，生活的困难使他明白上学的重要性，更让他非常珍惜这来之不易的学习机会。因此，在学习生活中，他更加懂得勤俭节约的重要性。生活中，当李杰立走过洗手池的时候，他会主动扭紧滴水的开关；当他看到课桌上的剩饭，他会主动邀请小伙伴一起诵读唐诗《锄禾》；当他看见有的同学随手乱丢垃圾，一走了之的时候，他会一边制止一边捡起可回收的垃圾。就个人而言，他觉得节约是一种品质，会改变我们每个人的生活；节约是一种高尚，只有做到节约，才能使我们的生活更美好。学习中，一块橡皮，李杰立要用到不能再用为止；一支铅笔，他要用到握不住为止；一张纸，他都不会随便丢弃。因为他知道，这些点点滴滴，在有些人眼中，是微不足道的，但它却是来之不易。教室里，他建议同学们把废旧纸张扔在一个角落里，收集起来。收集变卖的钱，捐给了比自己更需要的人。在他的带动下，同学们也都养成不乱丢弃学习用品的习惯。在家中，李杰立在承担了力所能及的家务活，自己的房间整理得整整齐齐，衣物也不需要父母料理。因为来自农村，家里偶尔会给零用钱，但他将这些零用钱小心地一点一点积攒起来，用于日后购买学习用品，从不舍得乱用。他衣着朴素，只求保暖、干净就行，从不与同学们攀比，从小养成了勤劳简朴的良好习惯。工作中，作为一名班（队）干部，李杰立积极向学校大队部献计献策，倡议开展"争做绿色小使者环保活动，号召同学们从我做起，从点滴小事做起，通过举办环保知识竞赛，开展节约用品。

活动体验

  大家本周回家做一个有关节约用水的社会调查，并写成调查报告。

反观自我

_____
_____
_____

知识探究

敬业奉献

  "敬业"的基本内容是忠于职守、精益求精、遵守职业道德，对工作有强烈的使命感和责任感。"奉献"的基本内容是克己奉公、服务社会、助人为乐、造福人类。奉献是社会主义职业道德的最高经济，也是做人的最高境界。

案例启迪

杜富国，贵州省遵义市湄潭县人，1991年11月出生，2010年12月入伍，中共党员，现为中国人民解放军南部战区陆军云南扫雷排爆大队四队五班战士。自扫雷作业展开以来，杜富国同志进出雷场千余次，累计作业300余天，搬运扫雷爆破筒15余吨，在4号洞、265号界碑、马嘿、老山等14个雷场累计排除地雷和爆炸物2400余枚（件），处置各类险情20多起，荣立一等功1次，多次获嘉奖，分别被表彰为"优秀士兵""优秀士官"。2018年10月11日下午，杜富国和战友们按计划进入雷场进行扫雷作业。不久，作业组长杜富国发现一枚露出部分弹体的手榴弹，初步判断是一颗当量大、危险性高的加重手榴弹，下面可能还埋着一个雷窝。杜富国马上向分队长报告，接到"查明有无诡计设置"的指令后，他以命令的口气对同组战友艾岩说："你退后，让我来！"艾岩转身向后退了几步。正当杜富国按照作业规程，小心翼翼清除弹体周围浮土时，突然"轰"的一声巨响，他下意识地倒向艾岩那一侧。飞来的弹片伴随着强烈的冲击波，把杜富国头上的防爆头盔炸飞、防护服炸成了棉花状，他被炸成了一个血人。正是由于刹那间杜富国舍生忘死的一挡，两三米之外的艾岩仅受了皮外伤。

战友们呼喊着扑上去，对已经昏迷的杜富国展开急救，随后迅速转往麻栗坡县医院、解放军第926医院（原59医院）。经过全力抢救，杜富国的生命得以保住，但失去了双手、双眼。

任务面前，杜富国同志总是自告奋勇、挺身而出，用一次次"让我来"的生动实践，演绎新一代"四有"革命军人的使命责任；关键时刻，杜富国同志总是迎难而上、主动作为，用"敢担当"诠释共产党员无所畏惧、敢为人先的优秀品格；危急关头，杜富国同志总是冲锋在前、舍己为人，用"惊天一挡"的英雄壮举，书写新时代红色传人的铁血荣光。

杜富国同志的先进事迹，展现了信仰坚定、铁心报国的政治品格，敢于担当、不懈奋斗的责任意识，英勇顽强、不惧艰险的优秀品质，舍己为人、心系百姓的高尚情怀，生动诠释了培育和践行社会主义核心价值观的要求，不愧部队官兵的杰出代表。为进一步学习宣传杜富国同志的先进事迹，弘扬他的崇高精神，中共云南省委宣传部决定，授予杜富国同志为"云岭楷模"荣誉称号，号召全社会向杜富国同志学习。

活动体验

请记录你的班主任老师的一天。

反观自我

知识探究

社会公德

社会公德是指在社会中用以调节人与人之间的关系，以及人民在公共生活中应遵守并得到社会公认的基本行为规范和准则。社会公德需要人民自觉遵守，它要求人民在社会中做到以下三点：遵守公共秩序；爱护公物；注重文明行为。

案例启迪

2018年11月2日上午，重庆万州公交车坠江事故调查处置部门发布消息称此次事故原因已经查明，系乘客与驾驶员发生争执互殴引发。2018年10月31日0时50分，潜水人员将车载行车记录仪及SD卡打捞出水后，公安机关多次模拟试验，对SD卡数据成功恢复，提取到事发前车辆内部监控视频。公安机关对22路公交车行进路线的36个站点进行全面排查，通过走访事发前两站下车的4名乘客，均证实当时车内有一名中等身材、着浅蓝色牛仔衣的女乘客，因错过下车地点与驾驶员发生争吵。经进一步调查该女乘客系刘某（48岁，万州区人）。综合前期调查走访情况，与提取到的车辆内部视频监控相互印证，还原事发当时情况。2018年10月28日5时1分，公交公司早班车驾驶员冉某（男，42岁，万州区人）离家上班，5时50分驾驶22路公交车在起始站万达广场发车，沿22路公交车路线正常行驶。事发时系冉某第3趟发车。9时35分，乘客刘某在龙都广场四季花城站上车，其目的地为壹号家居馆站。由于道路维修改道，22路公交车不再行经壹号家居馆站。当车行至南滨公园站时驾驶员冉某提醒到壹号家居馆的乘客在此站下车，刘某未下车。当车继续行驶途中，刘某发现车辆已过自己的目的地站，要求下车，但该处无公交车站驾驶员冉某未停车。10时3分32秒，刘某从座位起身走到正在驾驶的冉某右后侧靠在冉某旁边的扶手立柱上指责冉某，冉某多次转头与刘某解释、争吵，双方争执逐步升级，并相互有攻击性语言。10时8分49秒，当车行驶至万州长江二桥距南桥头348米处时，刘某右手持手机击向冉某头部右侧，10时8分50秒，冉某右手放开方向盘还击，侧身挥拳击中刘某颈部。随后，刘某再次用手机击打冉某肩部，冉某用右手格挡并抓住刘某右上臂。10时8分51秒，冉某收回右手并用右手往左侧急打方向（车辆时速为51公里），导致车辆失控向左偏离越过中心实线与对向正常行驶的红色小轿车（车辆时速为58公里）相撞后，冲上路沿、撞断护栏坠入江中。根据调查事实，乘客刘某在乘坐公交车过程中，与正在驾车行驶中的公交车驾驶员冉某发生争吵，两次持手机攻击正在驾驶的公交车驾驶员冉某，实施危害车辆行驶安全的行为，严重危害车辆行驶安全。冉某作为公交车驾驶人员，在驾驶公交车行进中，与乘客刘某发生争吵，遭遇刘某攻击后，应当认识到还击及抓扯行为会严重危害车辆行驶安全，但未采取有效措施确保行车安全，将右手放开方向盘还击刘某，后又用右手格挡刘某的攻击，并与刘某抓扯其行为严重违反公交车驾驶人职业规定。乘客刘某和驾驶员冉某之间的互殴行为，造成车辆失控，致使车辆与对向正常行驶的小轿车撞击后坠江造成重大人员伤亡。因此，乘客刘某和驾驶员冉某的互殴行为与危害后果具有刑法意义上的因果关系两人的行为严重危害公共安全，已触犯《中华人民共和国刑法》第一百一十五条之规定，涉嫌犯罪。

活动体验

本周末请大家在户外运动时,带上垃圾袋主动捡拾本小区公共运动场所的垃圾。

反观自我

_____
_____
_____

知识探究

家庭美德

家庭美德是指家庭成员之间以及有血缘关系的亲属之间的行为规范。它要求我们夫妻和睦、男女平等,赡养老人、教育子女,勤俭持家、团结邻里等。

案例启迪

俗话说"秧好一半谷,妻好一半福",一个好女人不仅能成就一个男人,更能成就一个家庭。家住白鹿镇下坝村的郑芝萍就是这样一位女性,二十余年侍奉婆婆从无怨言,悉心照料残疾母亲无微不至,她用勤劳善良、真情善举,诠释了什么叫"百善孝为先"、什么是"家和万事兴",恩爱和睦的一家人,也成了左邻右舍羡慕的最美家庭。郑芝萍今年已86岁高龄的母亲左小腿残疾,行动只能依靠轮椅。

每天早上,郑芝萍都要先起床,洗漱完毕后再扶助母亲起床,收拾好床铺后,再把母亲扶到客厅沙发上。若是天气稍显寒冷,郑芝萍还要为母亲生上一盆炭火,闲暇时,她还经常陪老人聊天,做她精神上的支柱,天气好时,还和丈夫一起推着母亲出门散心。

对于婆婆,她也同样如此。和丈夫卢和平结婚后,郑芝萍把婆婆当作自己的亲生母亲对待,在伺候婆婆的20多年里,她始终勤勤恳恳,毫无怨言。她对双方父母都是很有责任心也很有孝心,在她婆婆生病的时候都是她一个人照顾,不管是上厕所还是给她端茶递水洗澡,都是靠她把一切安排得井井有条。

郑芝萍的丈夫在村里任支部书记,同时又是市人大代表,工作比较繁忙,疏于对家庭的照顾。郑芝萍却从未埋怨过,全力支持丈夫的事业,侍奉老人,教导孩子,料理家务。把家里家外操持得有条不紊。

孝心在坚守中彰显厚重,爱心在平凡中体现伟大。郑芝萍用实际行动展现了中华民族尊老爱老的传统美德和一名贤内助的妇女本色。

在全家人的共同努力下,营造着一个温馨、和谐、向上的最美家庭。

活动体验

请同学上台分享自己身边孝亲敬长的小故事。

反观自我

_____
_____
_____

第二节　弘扬法治精神

法治是人类社会进入现代文明的重要标志。长期以来，特别是党的十一届三中全会以来，我国高度重视法治建设。党的十五大把依法治国确定为党领导人民治理国家的基本方略，积极推进社会主义法治建设。社会因法治而进步。全面依法治国是中国特色社会主义的本质要求和重要保障。党的十八届四中全会对中国法治建设作出新的战略部署，绘就了中国法治新蓝图。

知识探究

树立法律意识

在现代社会，人们要树立法律意识，增强法治观念。不仅要知法、学法、懂法、守法，而且也要运用法律，维护法律的尊严。因此，法律素质是每个公民必须具备的素质。

案例启迪

2006年6月21日晚9时许，汕安市女青年徐莱与朋友胡某等人驾驶摩托到龙湖区内，他们玩兴正浓时，几名男青年围了上来，二话不说上前就对他们一顿拳头，并抢走了他们的摩托车和2部手机。6月26日凌晨2时35分，事主王莱、徐某在海滨路观海长廊遭到5名男子的抢劫。不仅将王莱打倒在地。用脚踩，还用石头猛砸。徐某则被勒脖子还被扇耳光。5名歹徒抢走了800多元现金、银行卡、手机等物。7月4日下午5时，女青年林某驾驶本田摩托车载男友杨某回家路过中山东路集装箱路时，被几名男子拦住去路，不分青红皂白地迎头打来，当场被抢走了摩托车、手机等物。

7月10日零时许，事主张某和女友陈某在锦泰花园对面路段聊天，4名男子现身近前，用水果刀架在他们脖子上，抢走了100元现金、2部手机及1辆红色太子摩托车。

7月14日零时许，事主黄某和女友罗某在迎宾广场草地聊天。4名男子突然蹿到该处，动手殴打黄某并抢走140元。

当这伙人继续对罗某实施抢劫时，黄某高声呼救。正在附近伏哨的派出所民警闻声赶到现场，在"洛城酒吧"保安员的大力协助下，抓获犯罪嫌疑人赵×校（河南人）、付×（湖北人）、王×海（江西人），另一歹徒趁乱逃脱。

经审，赵×校等3人初步交代了他们伙同蒋×敏、杨×伟等人分分合合，在龙湖区珠池片区和金平区海滨路抢劫作案的犯罪事实。

民警抓获团伙成员蒋×敏、胡×军。在某溜冰城抓获杨×伟等4人。在一溜冰场门口抓获李×勇。在一网吧抓获朱×雄等4人。在一出租屋抓获黄×财、陈×锋。

至此，派出所民警连续作战32天，共缴获赃物摩托车4辆、手机10部、史泰龙刀1把、被抢事主身份证6张、银行卡1张。

这个犯罪团伙年龄最小的16岁，最大的才18岁。他们来自河南、湖北、江西、安徽、贵州、广东饶平及汕头市濠江区，法律意识十分淡薄甚至是法盲，整天无业到处游荡，在溜冰场、网吧、迪吧结识并纠合成团，然后分合合外出作案。每次作案时花两三元买一把水果刀作为工具威胁恐吓事主，若事主稍有反抗即对他乱打甚至捅上几刀，完全不计较后果。等待他们的将是法律的严惩。

活动体验

你在学校厕所里看到有高年级的同学敲诈勒索低年级的同学，你会怎么做？

反观自我

_____

_____

知识探究

维护宪法权威

宪法的生命在于实施，宪法的权威也在于实施。维护宪法权威需要我们保障宪法实施。如果宪法得不到充分、有效实施，受到漠视、削弱甚至破坏，那么国家权力的行使将会违反法治的要求，我们的幸福生活就不能真正实现。保障宪法实施就要坚持依宪治国，加强宪法监督。我们每个人都要牢固树立尊重宪法、维护宪法的观念。

我国宪法是党和人民意志的集中体现，是国家的根本法。宪法规定了我国的国家性质、根本制度、根本任务、公民的基本权利和义务等国家生活中最根本、最重要的问题。宪法是一切组织和个人的根本活动准则。宪法的权威关系国家的命运、社会的安定和人民的根本利益。如果宪法受到漠视，人民的权利和自由就无法保证。一切组织和个人都必须在宪法和法律范围内活动，都必须维护宪法权威，捍卫宪法尊严，保证宪法实施。任何组织或者个人都不能凌驾于宪法之上，一切违反宪法的行为，都必须予以追究。

宪法是国家的根本法，在我国法律体系中具有最高的法律地位、法律权威、法律效力。宪法是其他法律的立法基础和依据，其他法律是根据宪法制定的，不得与宪法的原则和精神相违背，否则就会因违宪而失效。

宪法的制定和修改程序比其他法律更加严格。

宪法是公民权利的保障书，是我国治国安邦的总章程。宪法与每个人的生活息息相关，我们要增强宪法意识，学习宪法，认同宪法，践行宪法，热爱宪法，捍卫宪法。

2015年7月1日，十二届全国人大常委会通过了关于实行宪法宣誓制度的决定。2018年3月11日，十三届全国人大一次会议表决通过了《中华人民共和国宪法修正案》，进一步明确了我国的宪法宣誓制度，规定："国家工作人员就职时应当依照法律规定公开进行宪法宣誓。"

宪法宣誓词：

"我宣誓：忠于中华人民共和国宪法，维护宪法权威，履行法定职责，忠于祖国、忠于人民，恪尽职守、廉洁奉公，接受人民监督，为建设富强民主文明和谐美丽的社会主义现代化强国努力奋斗！"

活动体验

同学们，讨论一下宪法宣誓制度会有什么作用？

反观自我

知识探究

依法维护权益

每个人合法的自由和权利都应当受到尊重和保护。公民权利受到损害，要依照法定程序维护权利。维护权利的方式包括协商、调解、仲裁和诉讼等。

协商是当事人之间自行解决纠纷的方式。一些常见的消费、劳动争议和交通事故纠纷等，当事人可以在自愿、互谅的基础上，依据法律，直接对话，分清责任，达成协议解决纠纷。日常生活中大量的权益争议是通过协商解决的。

调解是通过调解组织解决纠纷的方式。调解人以国家法律法规和政策以及社会公德为依据，对纠纷双方进行疏导、劝说，促使他们相互谅解，进行协商，自愿达成协议，解决纠纷。我国调解方式主要有人民调解、行政调解和司法调解。

仲裁是通过仲裁机构解决纠纷的方式。公民与其他个人或组织之间发生合同纠纷和其他财产权益争议时，可以申请仲裁。当事人根据他们之间订立的仲裁协议，自愿将其争议提交仲裁，并受仲裁裁判约束。

诉讼是通过人民法院解决纠纷的方式。公民可以依法向人民法院起诉，维护自身权益。公民遇到人身关系或财产关系的争议，可以向人民法院提起民事诉讼。民事诉讼，是指人民法院在双方当事人和其他诉讼参与人的参加下，审判和解决民事案件以及这些活动所引起的诉讼关系。民事诉讼程序是国家制定的，是司法机关解决民事争议的操作规范。刑事诉讼，是指人民法院、人民检察院和公安机关（含国家安全机关）在当事人和其他诉讼参与人参加的情况下，依照法律规定的程序，解决被诉者的刑事责任问题的活动。一个公民，即使自己远离犯罪，但仍会参与到刑事诉讼中，如举报犯罪、协助专门机关工作或作为其他诉讼参与人。掌握刑事诉讼程序，有助于增强我们依照法律程序同违法犯罪行为作斗争的意识和能力。依照《中华人民共和国刑事诉讼法》，刑事诉讼程序分为立案、侦查、起诉、审判和执行五个阶段。

公民认为行政机关的行政行为侵犯了自己的权益，可以向人民法院提起行政诉讼。行政诉讼，通俗来讲就是"民告官"，是公民、法人和其他组织以行政机关为被告人向人民法院提起诉讼。建立行政诉讼制度的目的，就是为了维护和监督行政机关依法行使职权，保证行政机关严格依法办事。

案例启迪

小刘是某塑料生产厂的雇工。一日，小刘在开车拉货返回塑料厂途中，撞伤下班后骑车回家的行人李四，李四住院治疗了 1 个月方出院，要求小刘赔偿。经小刘所住街道的人民调解委员会主持，小刘和李四达成协议：小刘一次性赔偿李四 3000 元，李四今后不得再以此事提出其他要求。李四出院 1 个月后，按照医院的要求进行复查，复查的结果表明，因创伤不能根治，留下后遗症，并引发了其他病症。李四觉得小刘赔偿的金额太少，又去与其交涉，小刘认为双方早已将此事处理完毕，拒绝再给李四任何赔偿。李四向人民法院起诉，要求被告小刘支付赔偿数额。李四与小刘达成的协议不能阻碍李四向人民法院起诉。

活动体验

星期天回校途中，小李在超市花了一元钱买了一包辣条，拿回学校才发现这包辣条已经过期变质了，如果你是他你会怎么办？

反观自我

_____
_____
_____

知识探究

依法行使权利

公民权利为我们追求有尊严的生活、实现人生幸福提供保障。现在，我们越来越频繁地使用"权利"一词，这表明我们的权利意识和法治观念在不断增强。现实中，人们可能只关注自己的权利，却忽视别人的权利；在权利受到侵害时，可能会比较冲动，而不懂得用理性合法的方式去维护。

公民的基本权利

根据《中华人民共和国宪法》的规定，公民享有的基本权利包括：①选举权和被选举权，选举权和被选举权是公民的一项基本政治权利，行使这项权利是公民参与管理国家和管理社会的基础。②言论、出版、集会、结社、游行、示威的自由。③监督权，我国公民对于任何国家机关和国家工作人员有提出批评和建议的权利；对于任何国家机关和国家工作人员的违法失职行为，有向有关国家机关提出申诉、控告或者检举的权利，但是不得捏造或者歪曲事实进行诬告陷害。公民依法通过各种途径和形式行使监督权意有助于国家机关反其工作人员依法行使权力，全心全意为人民服务。④人身自由，公民的人身自由不受侵犯。我国宪法规定，任何公民，非经人民检察院批准或者决定或者人民法院决定，并由公安机关执行，不受逮捕。禁止非法拘禁和以其他方法非法剥夺或者限制公民的人身自由，禁止非法搜查公民的身体。⑤人格尊严不受侵犯。公民的人格尊严权包括名誉权、荣誉权、肖像权、姓名权、隐私权等。⑥住宅不受侵犯。⑦通信自由和通信秘密受法律保护。⑧受教育权。⑨物质帮助权。⑩劳动权。⑪财产权。⑫文化权等。

行使权利有界限

　　任何权利都是有范围的。公民行使权利不能超越它本身的界限、不能滥用权利，我国宪法规定，公民在行使自由和权利的时候，不得损害国家的、社会的、集体的利益和其他公民的合法的自由和权利。个人的自由和权利不能以损害国家利益、社会利益和集体利益为代价。同时，每个人合法的自由和权利都应当受到尊重和保护，我们在行使自由和权利的时候也不得损害其他公民合法的自由和权利。

案例启迪

　　王刚原是一家电子公司员工。去年5月，有"猎头"找到王刚，推荐他到另一家公司任职。而这时，王刚所在的公司正准备提拔其为部门经理。就在王刚考虑去留之际，有人向经理打了"小报告"，说王刚出卖公司利益，并有离开公司的想法。经理为此找王刚谈了一次话，再也没提提拔他的事情。

　　王刚很快知道有人"出卖"了自己，并认定那个人就是同事张亮。去年6月，王刚辞职去了另一家公司工作，之后在博客上发表了一篇名为《远离小人，开始新人生》的文章，对张亮进行人身攻击。虽然王刚没写张亮的名字，只用"Z"代替，但王刚过去的同事都知道"Z"指的就是张亮。张亮以名誉权受到侵害为由将王刚告到法院。法院经审理认为，王刚在公开发表的博客上，对张亮的人格进行侮辱，造成其社会评价降低，构成对张亮名誉权的侵害。法院判决王刚公开道歉，立即撤掉相关文章，并赔偿张亮精神抚慰金300元。

活动体验

　　晨晨和旺旺因为一点小事发生了争吵。放学回家后，晨晨怒火难消，于是拿出手机把对旺旺的不满发到了班级群里，并造谣旺旺喜欢偷他人东西。旺旺知道后，要求晨晨赔礼道歉，晨晨却说在群里发啥东西是我的自由，与他人无关。他的说法对吗？为什么？

反观自我

> **知识探究**

自觉履行义务

作为公民，我们依法享有权利，也应依法履行义务如果义务观念淡薄，对他人、社会与国家缺乏担当，不履行自己的法定义务，就会受到法律的制裁。因此，我们要增强义务意识，认真履行法定义务，主动承担社会责任。

公民基本义务

根据《中华人民共和国宪法》的规定，公民的基本义务包括：①遵守宪法和法律。我国宪法和法律是全国各族人民意志和利益的集中体现，维护宪法和法律的尊严是公民对国家和社会应尽的职责。保守国家秘密，爱护公共财产，遵守劳动纪律，遵守公共秩序，尊重社会公德，都是遵守宪法和法律的具体表现。②维护国家利益，维护国家统一和各民族团结，维护国家安全、荣誉和利益。维护国家安全包括维护国家的主权、领土完整不受侵犯，国家秘密不被窃取、泄露和出卖，社会秩序不被破坏，等等。维护国家荣誉包括维护国家的尊严不受侵犯，国家的荣誉不受玷污。维护国家利益包括维护国家的政治、经济和安全等各方面的利益。维护国家安全、荣誉和利益是每个公民义不容辞的责任。③依法服兵役。保卫祖国、抵抗侵略是公民的神圣职责。我国兵役法规定，我国实行义务兵与志愿兵相结合、民兵与预备役相结合的兵役制度。兵役分为现役和预备役。现役军人必须遵守军队的条令和条例，忠于职守，随时为保卫祖国而战斗。预备役人员必须按照规定参加军事训练，随时准备参军参战，保卫祖国。④依法纳税。税收是国家财政收入的主要来源，依法纳税是公民的一项基本义务。任何偷税、欠税、骗税、抗税的行为都是违法行为，情节严重、构成犯罪的要依法追究刑事责任。

我国宪法还规定公民应履行的其他义务，包括劳动的义务、受教育的义务、夫妻双方实行计划生育的义务等。

2015年9月，张某、卢某、孙某三人应征入伍。因怕苦怕累、不愿受部队纪律约束，三人以各种理由企图逃避服兵役。经兵役机关、部队及家属反复教育无效，部队依据《兵役法》作出退兵处理。当地政府依据《兵役法》和《征兵工作条例》等法律法规对这三人作出如下处罚：按照县（市）2015年义务兵家庭优待金三倍的标准给予经济处罚；两年内不得出国（境）或者升学，不得被录用为公务员或者参照公务员法管理的工作人员。

> **活动体验**

老王因为自己养大的儿子不孝敬他，与儿子发生了争吵，邻居们纷纷指责小王，小王却说孝不孝敬我爸，是我们的家务事，与你们无关。如果你在现场，你会怎样调解这场纠纷。

> **反观自我**

_____
_____
_____

知识探究

权利与义务相统一

权利和义务具有一致性，公民既合法是权利的享有者，又是法定义务的承担者。任何公民既不能只享有权利而不承担义务，也不能只承担义务而不享有权利。我们不仅要增强权利意识，依法行使权利，而且要增强义务观念，自觉履行法定义务，做到法律鼓励做的积极去做，法律要求做的必须去做，法律禁止做的坚决不做。

案例启迪

小周创作的小说出版后获稿酬3600元，当出版社要为他代缴个人所得税时，他说："支配稿酬是我的权利，我不想缴税。"

启示：小周只想享受权利，不想履行依法纳税的义务，损害了国家、社会的利益。他作为我国公民，在享有著作权、合法财产受法律保护的权利的同时，必须履行依法纳税的法定义务。自觉履行法定义务，是我们的"天职"，也是爱国的重要表现。我们要弘扬爱国主义精神，以履行法定义务的实际行动，表达我们的爱国之情。

活动体验

同学们，分享一下身边只享受权利不履行义务的案例。如不赡养父母却要争夺父母的遗产等。

反观自我

_____

_____

_____

知识探究

遵守职业纪律

纪律也是一种行为规范，但它是介于法律和道德之间的一种特殊的规范。它既要求人们能自觉遵守，又带有一定的强制性。就前者而言，它具有道德色彩；就后者而言，又带有一定的法律色彩。就是说，一方面遵守纪律是一种美德，另一方面，遵守纪律又带有强制性，具有法令的要求。例如，工人必须执行操作规程和安全规定；军人要有严明的纪律等。因此，职业道德有时又以制度、章程、条例的形式表达，让从业人员认识到职业道德又具有纪律的规范性。

案例启迪

某供电公司五星供电所刘所长将一个红包交到了公司纪检专员手中。红包里除了

1000元现金，还有一封信，信中写道："全村干部、群众一心请求刘所长马上实施农网改造，特表示一点心意，请收下吧，这代表着石头村全体村民的心意。"原来由于没有进行网改，全村电网安全隐患较多，因变损等原因造成电价偏高，群众意见较大，工作不好开展，村主任、村支书请求电力公司能将该村尽快安排为第三期重点改造村社，还将一个红包塞进刘所长口袋。刘所长一遍一遍地将农网改造的相关政策耐心地向村干部作解释，坚决不收红包，可怎么也拗不过，无奈之下，刘所长只好于第二天一早，将红包当面交给了公司纪检专员。

分析：刘所长的行为体现了电力职业道德的哪些规范？

答：体现了电力职业道德的以下规范：①清正廉洁的作风（不为利益所动，维护企业形象）。②严守纪律的作风（遵守服务规范，履行服务承诺）。③人民电业为人民（牢记"四个服务"的宗旨）。

一天上午，某县供电局线路检修班去处理一条10千伏线路断线停电事故。到了现场，班长同地调所联系证明线路停电可以工作。于是他安排两人分别爬上两根杆子。当先爬上杆子的一名青年员工正准备查清折断线路时，触电身亡。原来是线路停电后一家工厂擅自启动自备发电机，使"已停电"的线路又带电。

请根据以上案例谈谈你对"遵章守纪"的认识。

分析：遵章守纪是每一个电力生产人员应当具备的起码的职业道德。章是指章程、制度，纪是指劳动纪律。遵章守纪就是严格执行工艺规章、技术规范。

活动体验

写出我班的班规，对照自己的行为，自己是否是一个遵规守纪的人。

反观自我

第二单元
生涯规划

第一节 职业生涯规划

知识探究

职业生涯是指一个人一生的职业历程，即一个人一生职业、职位的变迁及职业理想的实现过程。职业生涯规划是个人对自己一生职业发展道路的设想和谋划，是对个人职业前途的瞻望，是实现职业理想的前提。它可以帮助我们目标明确地发展自己，也可以帮助我们扬长补短地发展自己。

案例启迪

小东家在农村，父亲外出打工，母亲务农，生活拮据。年少懂事的小东为了减轻父母的沉重负担，决定报考中职学校，学习一技之长，好早日踏上工作岗位。

在机电专业学习的他，知道有几家著名的公司在家乡附近的开发区落户，需要大批专业技术工人。他给自己的未来制定了"三步走"的计划：第一步，在校努力学习，成为优秀的中职毕业生；第二步，毕业后争取进入某一家大企业工作，尽快熟悉业务，在企业中立足；第三步，努力钻研业务，争取成为技术能手。

小东在校时，心中一遍遍描绘着自己未来的职业前景，不但努力徐徐而行，积极参加班级、学校组织的活动，而且还担任了校刊的主编及校团委宣传部部长，实习时也有意识地加强实际工作能力的锻炼。

正因为有这些平时的积累，毕业时，他从众多竞争者中脱颖而出，顺利地被一家大公司录用。进入公司后，他虚心好学、爱岗敬业，成为一名称职的员工。经过公司考察，他被安排到产品检验科，负责空调器安全、性能测试。他在工作过程中，认真负责，刻苦钻研，和同事团结协作，不但很快适应了新的工作环境，而且提出了多项合理化建议。

他负责过公司新产品开发测试、成品质量控制等工作，参加过阻燃性常规检验等项目。他与同事合作，消除本公司检验内部阻燃性的盲点，修订企业标准，填补了检测项目上的空白。他受公司派遣参加空调行业标准修订，提交的意见获得国家标准委员会的认可，并受省、市计量局和质量监督局等单位委托，对本地区的电器生产、销售单位做安全测试，为公司赢得良好声誉。

小东在工作之余，积极参加企业文化活动，在集团刊物上发表文章，策划与组织读书报告会、书法展览、足球比赛等活动，在企业领导和同事们心目中是十分活跃、十分敬业的好员工、好同事。已经成为了项目经理的他，靠着不断的努力，正一步步地向心中的目标迈进。

人生启迪：职业是一个人生存和发展的基础，而岗位是成才的重要途径。职业生涯规划能让我们明确发展目标，并有步骤地向目标迈进。早些形成职业生涯观念，设计好自己的职业生涯，就能在学习和生活中留意并获取相关知识和技能，从而更快形成特长。

活动体验

设计一下自己的职业生涯规划。

反观自我

知识探究

天生我材必有用

人才观是对人才本质及发展成长规律的基本观点。人才是具有某种特长的人。能创造良好的经济效益和社会效益，是人才的重要特征。随着经济社会发展，人们的观念也在变化，从重学历变为越来越看重才智和能力，看重是否有创造良好效益的特长。掌握特定技能的中职生在未来职业活动中勤奋向上，熟能生巧，积累经验，就能成为创造高效益的人才。我们要树立"天生我材必有用"的理念，要对自己的职业生涯充满信心。在全面建设小康社会的过程中，中职生有广阔的成才天地。事实证明，一批又一批中职毕业生通过自己的拼搏，成为各自职业领域中的带头人，为本行业的发展，为祖国的繁荣富强做出了贡献。

案例启迪

小孙进入一所中专学习电气专业。周围的人认为他没上大学，没有出息，这辈子只能"卖苦力"了。他却排除干扰，专心学习，毕业后到一家机床厂当了电工，工作中任劳任怨、表现出色。

他服从企业发展方向调整的需要，由电工改做数控车工。经过三年努力，凭借扎实的基本功，他先后掌握了数控车工、模具加工、机械调整、数控系统编程等技能，成为该领域的行家里手。公司根据开拓市场的需要，又将小孙调到了营销技术支持这一重要岗位上。他为用户突破多个技术难关，赢得了公司内外的高度评价，被称为"金领"技工。"我的特点是干啥就要像啥，干不好连觉都睡不踏实。"这句朴实的话总被他挂在嘴边。

2005年，小孙参加首届"振兴杯"全国青年职业技能大赛，并摘取了全国数控车工的桂冠，被评选为全国杰出青年岗位能手，成为技能新"状元"。小孙自信地说："只有不断地学习才能适应技术发展的需要，对每一个技工来说，最重要的就是看你的能力、你的成效。"

人生启迪：成才的路千万条！中职毕业生有了自己的特长，就能创造出良好的经济效益和社会效益，就能成为被社会公众认可的人才。

活动体验

大家课后查阅掏粪工人时传祥的故事，写一份心得体会。

反观自我

知识探究

职业生涯规划

作为一个中职生，我们更早一步地规划未来，制订目标，为自己即将踏入社会做铺垫。在这个时候，如果对自己的目标不清晰，就好像上司说随时裁员，微软离破产永远只有半年，医院告诉家属病人可能随时醒来，又可能永远不醒。未来一片迷雾，让人心里永远定不下心神，又怎么能好好学习好好工作呢？由此可以看出，制定职业规划对于我们中职生来说有多么重要。

现在这个社会，职业规划必不可少，现在的学习是为了将来的生活，为了未来能在社会中安稳地生存，只有试着为自己拟定一份职业规划，才能将来在社会上立足时不慌不忙，冷静地照着自己设计好的路线走，不必愚蠢地浪费时间。中国是个人口拥挤的大国，就业难是个普遍的难题，若此时不为自己先布置好前程，到时又怎么能在社会上占据一席之地？因此，为自己写一份职业规划书，设定目标，才有动力。

案例启迪

人的一生中，理想总会随着思想的成熟而变化。从很小的时候开始，小姗就拥有了许多理想，但小时候的离奇梦想，又怎能搬到现实当中来，所以，经过深思熟虑后，她下了决心，选定了一个明确的目标——平面设计师。

小姗是一个典型的双子座女孩，好奇心特别强，接受新事物快，喜欢打破常规，这对于设计新事物，有着很大的帮助，小姗认为自己非常适合平面设计这门专业，而且一定能胜任。她的性格是比较温和、低调，有责任心，有公德心，与周围的人相处非常融洽。在学校，她是个幽默、调节人际关系强的人，老师交给她做的事情，一定全力以赴，做到最好，经常得到老师的赞赏。

小姗认为,先就业,再择业,是最好的就业方式。先就业,再仔细地寻找与自己最匹配的,最适合自己的工作。这份工作,不一定要高薪,不一定要高职位,最重要的是自己喜欢,并且合适自己,自己能掌握得当。同时,仍旧要不断提高自身素质,学习更多的能帮助提升自己专业的技能,锻炼自我,丰富生活,为自己创造一个美好的未来。

所以,一开始,小姗只希望进入一家广告公司当一个小的设计师,待自己能力得到一定的提升后,再一步一步往高处走,继而创业。

小姗的职业规划:

(1)短期计划:中职毕业时要拿到所有证书。

一二年级要完成学校规定的所有学习计划,三年级开始实习。

高一:学习基本的美术与计算机。

高二:参加计算机考证与英语考证。

高三:进入社会实践,参加平面设计比赛,为毕业后的实习做准备。

(2)中期计划(工作五年计划):顺利毕业,找到工作。以积累社会经验为主,同时储蓄资金。前两年主要是学习强化,打定基础,后三年在外经历,磨炼自己的意志、能力,增加社会经验。储蓄资金为创业做准备。

(3)长期计划(创业):工作表现优秀,收集人脉,继而创业。

创业——创办自己的广告公司(或工作室)。

首先在广告公司打好人脉,必须担任管理级别的职位,再寻找投资者或合伙人共同开办公司创业,一步一步将公司扩大。

都说:"计划赶不上变化。"事实亦是如此。职业规划仅仅是一时的计划,随时会因为外部因素、环境因素甚至个人因素而不能实现,因此,一份职业规划书不可能伴随终身,随时都有可能要作出调整,或者是一点一点完善,最后迈向成功。

小姗认为一个新时代的女性,应当自立自强,自给自足,为自己的精彩人生做出最璀璨的计划,一切靠自己,脚踏实地,安安分分,学会生存,努力发展,在业内做出口碑来。从小的目标到大的目标,需要循序渐进,不可操之过急,先从小公司做起,积累社会经验,丰富自己的知识范畴,再向大公司求职。

专家支招:作为一个中职生,就应该尽早地树立自己的美好的职业理想,坚定信心,向那个方向行走,不顾一切。想把自己的理想转变为现实,是需要付诸努力的,需要辛苦拼搏奋斗的,若只会纸上谈兵,不去行动,那么理想便永远都是理想,绝对得不到实现。所以,只有趁现在发奋学习,打好基础和练好专业,才能拥有美好光明、功成名就的未来。

活动体验

大家写一写你的职业理想是什么?要怎样去实现理想。

反观自我

第二节　立足本人实际

知识探究

发展职业生涯要立足本人实际，本人实际包括兴趣、性格、能力、职业价值取向、个人学习状况和行为习惯等。兴趣有利于我们在学习和工作中积极探索、刻苦钻研，最大限度地发挥自己的聪明才智，使自己的职业生涯得到更快发展。但兴趣需要培养。性格对职业生涯发展有影响，不同类型的职业对从业者性格的要求各不相同，而不同类型的人适合的职业也不相同。但性格可以调适。能力直接影响人们工作和学习的效率，个人能力是否符合职业要求，直接影响职业生涯发展。职业价值取向决定人的就业方向和职业行为，影响人在职业活动中的态度，是人在从业过程中的驱动力，我们要从实际出发调整自己的职业价值取向。职业能力不但可以获得发展和提高，还有可能挖掘出潜能。具有良好的职业道德和行为习惯，是用人单位在录用一线从业者时十分看重的素质。

案例启迪

小李学的是仪器与电工技术专业，他性格内向、少言寡语，为人真诚、吃苦耐劳。毕业后在一家企业做电工维修工，只和机器打交道，小李感到特别满意。可是好景不长，企业破产，他只好另谋职业。

小李通过一家跨国公司的技能考核，成为一名技术员。这份工作需要善于和陌生人打交道，性格要外向，不然就不能胜任工作。他除了在技术上尽快适应新岗位外，更加主动地与别人交流，主动和陌生人交往。性格开朗起来，干劲更足了，加上他吃苦耐劳、责任心强，很快成为外修服务的骨干。

经过几年积累，已经性格外向、富有冒险精神的小李，决定开办自己的公司。自己经营公司并不容易，但几经挫折，小李经受住了严峻考验，变得更加坚强。几位同学看到性格变化后的小李这么能拼能闯，纷纷加盟合作，使他的公司更上一层楼。

人生启迪：技能重要，但适应职业需要的性格对职业生涯发展更重要。终身只从事一份工作的可能性越来越小了，不仅要选择适合自己个性的工作，更要善于调适自己的性格，主动适应岗位变化的需要。能主动按职业需要调适自己性格的人，职业生涯发展的机会就会更多。兴趣可以培养，性格可以改变，能力可以提高。每个人都有自己的潜能，只要挖掘出来并付诸行动，就能适应职业对从业者的个性要求，就有一个成功的职业生涯。

小李和小刘是某县职教中心机电专业的同学，来自同一个小镇。毕业时，一家知名大企业吸引了两人，但这家企业没有适合机电专业的岗位。

小李托关系进入这家企业，并庆幸自己有了衣食无忧的前程。小刘决心学以致用，进了家乡的一家小工厂，收入少但专业对口，能用自己的才能为家乡出一份力。三年后，凭自己过硬的技术，踏实肯干的工作态度和良好的人际关系，小刘被提拔为车间主任。两人相遇，小李西装革履，小刘身着工作服。小李拍拍小刘的肩膀说："向上走，在大城市舒服一点，向下走，在小庙里太苦！"

又过了几年，没有特长的小李终于被大企业裁员。他拿着招聘简章到一家公司登门求职，与小刘不期而遇。原来小刘所在的小工厂扩大规模、改制公司、广招人才，小刘升任公司总经理。小刘握着小李的手说："来吧，公司需要学机电专业的人。"

人生启迪：向上走未必高枕无忧，向下走也能柳暗花明，职业价值取向要符合实际。在就业形式不断变化的当下，在选择职业时，应首先考虑哪些是有利于自身职业素质和职业能力不断提高的岗位，不能只顾眼前利益，要注重可持续发展的可能性。

活动体验

我五音不全但是要想考音乐学院，我相信只要我自己努力一定会实现自己的理想。我的理想会实现吗？

反观自我

第三节　善于把握机遇

知识探究

发展职业生涯要善于把握机遇，在规划职业生涯时应考虑家庭状况，区域经济发展动向及行业发展动向。家庭组成、经济条件、社会关系、家庭成员的职业及健康等都和我们的职业生涯发展有关。家庭状况不是一成不变的，在规划职业生涯时应考虑变化的因素。我们要知道家乡及周边地区的经济特点与个人职业生涯发展关系最为密切。我们在这里长大，最熟悉这里，人际关系也集中在这里。利用家乡的优势来发展自己，往往能事半功倍。中职生的职业生涯发展与即将从事的行业发展动向密不可分。行业发展为个人发展提供机会，个人发展促进行业发展。把自己的职业生涯发展融入行业发展之中，借行业发展提供的机遇发展自己，会让自己的职业生涯发展更顺利。

案例启迪

晓涵出生在杭州，学的是茶艺专业。在校时，她潜心钻研茶文化，苦练茶艺，经过不懈努力，她考取了中级茶艺师证书。

毕业后，她在一家茶楼当茶艺师。每天为嗜茶的老茶客服务，向酷爱品茶的亲朋好友请教，与和她一样成了茶艺师的同学交流，不但进一步丰富了茶叶知识，更进一步领悟到茶文化的内涵，也使职业素养和茶艺表演水平有了质的飞跃。

晓涵看到，盛产名茶的杭州不但有悠久的饮茶历史，以茶会友已渐渐成为当地人的休闲生活方式，而且从四面八方来的中外游客也要在杭州品茶，茶产业在杭州有非常广阔的发展前景。在她考取了高级茶艺师证书以后，与同学合作，在西湖西南的大慈山麓开了一家茶艺室，以闻名于世的"龙井茶叶虎跑水"双绝招徕茶客。许多游客慕名来欣赏她的茶艺表演，她的茶艺室人气旺，生意火。她说："我在向世界展示中华茶艺的美丽，展示我们杭州的美丽……"

人生启迪：抓住家乡经济特点，利用人际关系，发挥个人所长，往往能让职业生涯事半功倍地得到发展。

反观自我

第四节　确定发展目标

知识探究

目标是心中的罗盘。人生因为有目标，才会执着地追求。职业生涯发展需要确定发展目标，职业生涯发展目标，分长远目标和阶段目标。确定长远目标是职业生涯规划的关键环节，其他环节全围绕长远目标的确定展开。分析发展条件是确立长远目标的准备工作，构建发展台阶、制定发展措施是为实现长远目标服务的。长远目标的实现，需要经历一个个阶段目标。职业生涯发展目标必须符合发展条件。对职业生涯发展目标，特别是长远目标的选择将影响一生，应通过预测、衡量、比较，即"筛一筛，量一量，比一比"后，再做出选择。

案例启迪

小丛进入职业学校学习文秘专业。由于中考失利，她很自卑。有一次学校举行主持人大赛，班主任极力推荐她参加比赛。通过老师辅导、同学帮助、自己刻苦练习，小丛取得了第一名的好成绩，自信的笑容重新回到她的脸上。

从此，小丛积极参加学校举行的各项活动，演讲比赛、朗诵比赛都有她的身影，她还成为学校广播电台的播音员。所有编辑、播音工作都要在课余时间进行，虽然很累，但她坚持下来了，而且学文化课、专业课也变得劲头十足了。

快毕业时，她面临先就业还是先升学的选择。考虑到父母有稳定的收入，希望她能继续深造。而且进中职后潜能得以发挥，学习有明显进步，对口升学取胜有把握。于是，她下决心选择了先升学，后就业，并为此制定了周密的计划。毕业后，她果然考上了高职，并经过竞选担任了学生会学习部部长、广播电台台长，被当地电台聘为"校园论坛"节目主持人。

高职毕业后，她被一家博物馆聘用，当上了解说员。由于工作认真，表现突出，在业务考核中名列前茅,在演讲比赛中多次获奖,她被安排负责专门接待来馆参观的领导,连年被评为优秀工作者。

人生启迪:既要从现实出发,又要看到自己进入中职后已经和可能发生的变化,只有这样才能做出正确选择。在了解自己的基础上选准适合自己的发展方向,明确具体的发展目标,及时抓住机遇,扬长避短地发展自己,在职业生涯发展的道路上就会比较顺利。

反观自我

_____

_____

_____

知识探究

切实可行的职业规划

鲁迅先生教导年轻人:一要生存,二要温饱,三要发展。先找份工作能生存,才能积累经验,才有发展的机会,如果一直没有就业,眼高手低,总是在等待,那么幸运之神怎么会眷顾呢?所以,中职生在找工作期间,应该有一个切实可行的职业规划,形成"先求生存再谋发展"的就业观念。

案例启迪

穿着一身简单工作服的王茜一到茶庄就来了神儿,一上午的时间很快就消失在清点、填装、整理之中,每当有顾客到来,王茜就麻利地把茶罐一个接一个地搬出来让他们找寻符合自己的品种。"你服务太周到了"成了顾客脱口而出的一句话。

现在的王茜已经把自己的工作重心转移到东城区的新店上。对于这个刚刚开业的"新据点",王茜和同事现在利用中午的时间免费向路人发放环保袋,袋子里放上一份"张一元"的宣传单,以扩大店铺的宣传。

在做好店铺经营管理的同时,王茜另一个重要任务就是把有关茶叶的技能一项一项地传给身边的3位同事,从产品介绍到称重、包茶叶,甚至是接待顾客的"一招一式",王茜都毫无保留地传授给新人,而这,也依循了这位年轻的"老店长"的成长路线。

2008年,王茜从北京财贸职业学院工商企业管理专业毕业,通过学校招聘来到了百年老字号"北京张一元茶叶有限责任公司"右安门店。经过一周的培训后,上岗实习第一天的遭遇就让她难以忘怀。由于业务不是很熟,加上刚开始有点紧张,王茜在给一位顾客包茶叶时显得有些生疏,对面顾客不耐烦地"火"了起来,埋怨她包得又慢又差,最后店里的一位老师傅上前道歉说是新来的实习生才得以解围。

"开始是挑战,后来也就变成动力了。"王茜说。

现在的王茜能够一直以平和的心态面对工作和同事,这是源于在学校时,她就是班里的心理疏导委员,经常帮助同学调节关系。在王茜看来,这是自己能取得今天的成绩所必不可少的因素。

经历了工作上的第一次尴尬之后,王茜知道要在店里工作必须提高自己的业务能力,为此她苦练技能,每天要包几十斤的茶叶,平日里只要一有机会,她就向师傅们讨教包装技巧、茶叶知识、销售技巧。工作之余她还买了很多有关茶叶知识方面的书籍,以此进一步充实自己。

其实,在学校时,王茜的学习成绩虽然不是十分突出,但始终为自己积蓄着力量。学校老师也会经常让学生以PPT的形式去完成作业,并在课堂上进行展示。正是由于在校期间的积累,使得她凭借已有的基础,很快地掌握了对茶庄管理和茶叶买卖过程的电子化操作等技术。

经过半年的实习、考核,2008年8月初,王茜正式转正并被调到"张一元"的前门总店。总店是全公司乃至全国单店销售最高的门店,业务量之大可想而知,一般的新员工很难适应这里的快节奏,王茜却胜任了。这还要得益于她在学校期间就经常利用假期时间去肯德基打工,"我以前是个很慢的人,但是在一个流水线似的工作环境中,就得逼着自己快起来"。

经过2008年北京奥运会和2009年春节的繁忙之后,王茜已经适应了自己的工作,业务能力也突飞猛进。

2009年年初,北京市商务委员会、北京市人力资源和社会保障局等部门联合推出"北京市商业服务业岗位服务技能系列活动",这对于茶叶行业来说,是近20年才有的一次练兵机会,仅"张一元"一家就有200多人报名参赛。作为公司新人的王茜,毫不犹豫地报名参加了。

出乎所有人意料的是,王茜在初赛时就连跳两级拿到了"中级营业员"证书,并被通知可以进行下一轮的竞赛。确认这是事实之后,她十分兴奋。因为,这时她来"张一元"加上实习刚一年半的时间。

在100多名选手中,只有15个名额可以参加最后的市级决赛。经过比拼,王茜最终取得了全市第9名的好成绩,并取得了"二级技师"。激动的不只是她一个人,店里的同事、公司领导,都说王茜是一匹"黑马"。

比赛后不到两个月,王茜就接到公司的新任务,决定外派她和几位同事到天津开拓老字号的新天地。

2009年8月23日到天津,王茜和同事们面对的首要任务是8月28日3家新店同时开业。可是这3家店的装修进程竟然没有结束,这就意味着她们必须用4天的时间,同施工队一起赶工,完成门店卫生、上货、新员工简单茶叶包装培训。

王茜带领大家上午、晚上搞卫生,中午到下午时段她要教员工包茶叶,那几天每天只睡三四个小时,终于在8月28日,3家店顺利开业,打响了"张一元"进军天津的第一炮。

2011年8月,在天津两年的王茜回到了北京,现在她的职务是刚刚开业的灯市口分店店长,开始了自己工作中新的历程。她近期的目标是努力把分店做好,赢得更多顾客的口碑,并将其打造成北京东城区的示范店。

对于4年来的成长,王茜认为这源于对工作的热爱和踏实肯干的毅力,以及善于调整心态的能力,而她也一直努力地以一颗平常心对待周围的人和事。

活动体验

根据社会发展条件和个人实际，调整自己的职业生涯规划。

反观自我

_____
_____
_____

知识探究

职业规划的近期目标

近期目标是职业规划中最重要的阶段目标，是职业生涯发展中第一个指向明确，并以此调整个性、提升素质的目标。我们要从所学专业出发，去了解社会、了解职业、了解自己，确定发展方向、发展目标。中职生要充分利用在校学习时期，有针对性地提升自身素质，有意识地培养兴趣、挖掘潜能，主动适应职业需要，努力学习相关知识和技能，自觉提升综合职业素质、职业能力，为职业生涯发展奠定坚实的基础。

案例启迪

小培学数控专业，他定的发展长远目标是，毕业15年后成为一名数控高级技师。为实现这一目标，他搭了两个台阶：毕业后当一名合格的数控操作工，8年后成为数控编程员。

确定近期目标后，小培有意识地去了解本地大力发展设备制造业的规划内容，以及数控操作中级工的职业资格标准，把自己的情况与职业具体要求做了比较。通过调查分析，他发现企业急需数控加工人员，而自己也擅长动手操作，这坚定了他对自己的信心。同时，他仔细分析就业岗位对从业者素质的具体要求后，发现自己活泼好动、做事马虎的个性与数控操作内向、沉稳，工作必须精益求精的职业性格有差距。

为此，他在制订发展计划时，将毕业前必须拿到数控专业相关技能证书列为近期目标，根据专业教学计划厘清各门专业课之间的关系，要求自己学好机械加工工艺，掌握数控机床的操作和手工编程，了解自动编程和数控机床的简单维护。此外，他还制定了在日常生活中锻炼自己耐住寂寞、做事认真的计划。同学们看了他的规划，都佩服地说："你的规划不是说梦话，真实在！"

人生启迪：适合自己的发展目标才是最好的目标。量身定做，可望可及，成功之路就在自己的脚下。特别是近期目标，既要务实，又要能激励自己。根据近期目标对从业者的具体要求，进一步分析自己，才能增强实现目标的自信，才能让发展措施针对性、操作性强，才能使规划不只是墙上挂的一张纸。

活动体验

大家写一写自己的近期目标。

反观自我

_____
_____
_____

知识探究

实现目标的具体措施

要实现目标，必须有实实在在的具体措施。措施即针对实际情况为实现目标而采取的处理办法。没有措施的规划，只是一个无法成真的美梦。我们要想实现自己的职业生涯发展目标，必须有针对性强的措施。目标变成现实，需要为之付出实实在在的努力。如果没有行动，目标也只能停留在空想阶段。职业生涯规划发展措施应当切实、明确、有可行性，并在行动中落实，否则，规划只能是一纸空文。

案例启迪

小慧在职业学校的财会专业学习。她的长远目标是成为会计师，近期目标是当一名为小企业服务的会计公司助理。为了实现自己的近期目标，她制定了详细的发展措施。

第一，在校期间为毕业后当好会计公司助理和当上会计师打好基础。

一年级在年终考试中取得优异成绩，考取全国计算机证书，会计电算化证书。二年级获得会计从业资格证。养成良好学习习惯，提高自学能力。课余时间多看一些专业书籍，周六、周日自学财经法规和财经职业道德。在日常生活中，锻炼自己与陌生人打交道的能力。

第二，毕业后到为小企业服务的会计公司当一名优秀助理，为今后当上会计师铺路。

出外勤时，争取多跑公司服务的小企业，了解服务对象的需求，为小企业排忧解难。做到对本职工作尽职尽责。处理内务时，向老会计师学习，争取业务指导，提高处理实际账务的能力。日常工作中，正确处理与领导、同事的关系，争取得到老板的信任。

人生启迪：近期目标要实务，围绕近期目标制定的措施要具体、可行、针对性强，而且要为长远目标的实现做铺垫，才有助于插上翅膀，朝着自己的目标飞翔。实现目标，需要定好落实计划的措施，意志坚定地执行。珍惜在校生活，不仅仅是为实现近期目标，更是为一生的发展奠定基础。

活动体验

假如你想三年后考上理想的大学，写一写你的具体措施。

反观自我

_____
_____

知识探究

珍惜首次就业的机会

首次就业是职业生涯发展的起点，要正视就业难的现实，珍惜首次就业的机会，丰富自己的从业经验，选择理想的岗位。再次择业是从业者提高就业质量、调整发展方向的好机会。作为一个现代社会中的青年人，不应把职业单纯地看成是谋求生存的手段，而应把职业视为一生追求的事业。中职生要理解先生存、后发展的关系，通过先就业、再择业，去实现职业理想、提升人生价值，去调整、落实自己的职业生涯规划。

案例启迪

小雨的父母收入微薄，她想早点挣钱，让父母生活得好一些。成绩优秀的她，决定放弃对口升学，要求参加实习、直接就业。

小雨学财会专业，却被安排在一家公司的家电部当实习销售员。工作不好找，她面对现实，希望通过努力能成为正式员工。她上班时虚心向老售货员学习，下班后又看资料，又找内行请教，把不同品牌的家电特点和保养方法弄得一清二楚。由于小雨善于捕捉客户的心理，每次都能让他们满意而归，业务量直线上升。她学过财会知识，不但用在顾客介绍家电性能价格比上，在小组结算时也有用武之地，公司领导对小雨十分赞赏。实习结束时，小雨被评为优秀实习生，并被择优录取，签订了正式劳动合同。当她把每月领到得工资和奖金交给爸爸妈妈时，看到他们脸上的笑容，她心理甜滋滋的。

过了两年，公司的主管会计生病，出纳升任会计。公司领导找小雨谈话，让她接任出纳。小雨喜出望外，十分忘我地投入新岗位，业务上井井有条，与会计配合十分默契，当选为公司"优秀员工"。公司领导到她的母校，感谢学校为公司输送了这样的一名好职工。

人生启迪：求职时要实事求是，要正视就业难的严峻形势。只要是个有心人，每一段职业经历，都是人生的积累，都是在为发展目标的实现付出努力。

活动体验

写一写自己的就业观。

反观自我

知识探究

不失时机调整发展目标

发展目标的实现，需要发展条件作保证。有些外部条件的变化，从业者个人往往难以掌控。外部条件的变化，既会对从业者发展目标的实现带来困难，也会给职业生涯发展带来新机遇，每个从业者必须正视现实，勇敢地面对挑战。要善于抓住机遇，不失时机地调整发展目标，根据新目标有的放矢地提高自己，用自身素质的提高来主动适应外部条件的变化。

案例启迪

学计算机应用专业的小夏，出生在农村，毕业后在一家电脑公司做销售。他计划先积累些经商经验，攒些钱再开一家电脑商店。没想到他所在的公司经营不善，陷入困境，导致他的收入大减。

他在学校时养成了在网上关注经济信息的习惯，闲来无事又上网浏览，发现本地葡萄苗木紧俏，卖一捆葡萄苗比卖一台电脑挣得还多。他通过网络学习繁育葡萄苗木的知识，到繁育基地考察，决定辞职返乡承包荒山。小夏投资葡萄苗木种植，却发现虽然收益很好，但市场容易饱和。

喜欢浏览经济信息的习惯再次帮助了小夏。他发现城市对绿化树种的需要量既大又持久，而邻县有一大片盐碱地，正在网上招标改造。已经在栽葡萄苗上有经验的小夏，找专家论证盐碱地种杨树类绿化树种的可能性，到林场求教，在网上求助。心中有底之后，和别人合伙承包了盐碱地，施酸性肥料，栽杨树苗，不但改良了土壤，速生的杨树长得也很好。这时，国家出台了退耕还林政策，小夏得到不少补贴，他利用低产田及四荒地投资建林果基地，总营林面积达到了两万亩。

从计算机销售起步的小夏，改行种树，现在拥有一家以林业为主导的农业集团，旗下有兽药、林业、饲料等六家公司，被称为"传奇式林业英雄"。

人生启迪：养成关注区域经济动态的习惯，审时度势地调整发展目标，抓住机会乘势而上，才能在竞争激烈的职场中成就事业。

活动体验

大家说一说我国的新兴行业有哪些？你对哪些感兴趣？哪些符合你的实际？

反观自我

第五节　时刻提升自我

知识探究

第一，善于学习和观察。在听取对成功人士的职业观点中，在观察他们的言谈举止中，获得切身的体会和影响，了解到他们真正的需求和我们自己身上存在的问题。

第二，做好充分准备。进入职场前，必须了解职场和需求，提前规划自己的职业，在思想意识、职业态度、知识储备、实践经历等各方面做好充分准备；进入职场后，快速实现职业化的角色转变，在学习和观察中，时刻努力提升自身综合素质。

案例启迪

制造业招工难并非孤本。新文化记者调查走访过程中了解到，春节后本地各类制造业企业都不同程度出现"闹春荒"，特别是不少中小型民营制造业企业。

长春市模具工业协会常务副秘书长张玲对于制造业招工难感触颇深，张玲说："去年就有显现，今年特别严重，我们协会目前会员单位有130余家，企业多为从事模具产业及相关机械加工产业、模具配套，直接产值30多亿元，但在解决招工难上还是束手无策，会员企业中有60%有用工缺口。人员不足已严重阻碍企业发展。"她认为技术工人是制造业企业中流砥柱，各家对模具设计、数控等岗位人才的需求越来越大。

早在去年，本地制造业用工"闹春荒"就有所显现。根据去年长春市人力资源市场职业供求状况分析报告显示，第一季度，长春市制造业用工需求高达16373人，在第二产业中排名第一位。今年制造业招工难仍在延续，新文化记者从长春市人力资源市场招工处了解到，虽然第一季度数据尚未出炉，但从春节到目前，中小型制造业企业有近100家单位招聘，需求岗位2200余个，与去年同期相比基本持平，其中以车间操作工、机械加工、维修工、服装加工缺口需求较多。值得注意的是，为了能招到工人，各企业平均月薪报出2000~3000元，比去年增加5%。

活动体验

大家写一写你自身的优缺点，以及对改正缺点的措施。

反观自我

_____

_____

_____

第六节　专注就是专业

知识探究

"如果一个人在某个领域工作，技能、经验等累积达10000个小时，那么他便可称为这个领域的专家了。"个人职业发展的规律，即在确定的方向上进行长期的学习和磨炼，自然会形成自身的优势和竞争力，在工作中能独当一面。当然，能坚持10000个小时，这份工作必定也得是自己感兴趣的，不然难以有强大的内在动力推动实现。

案例启迪

三次招聘，还差 8 个人缺口

2015 年 3 月 18 日 8 时许，作为一家电气设备公司车间负责人的老赵早早起床，准备到长春大街上的长春市人力资源市场"招工"。从春节后第一场招聘会算起，算上这回，这已经是老赵和同事第三次到这里来招聘，如此高密度的招聘，反衬出的正是老赵公司对工人的渴求。前两次招聘会，第一次一个没招来，第二次招了 5 个，到现在还没上手，还剩 8 个人的缺口。9 时 25 分，在招聘现场"新文化"记者看到，用人单位提供的职位多数为服务性岗位，诸如保姆、保洁、保安、厨师等职位仍唱主角，月薪在 2200～3200 元，现场咨询、签约较多。相比之下，制造业企业招聘台前，不低于上述岗位报酬的操作性类职位则是另一番景象。稀稀拉拉的求职者，简单咨询后就匆匆离开。时间一分一秒过去，持续了 1 个小时的供求高峰迅速回落，大厅内求职者越来越少。"问的人也有，但入职最低门槛都达不到，很多人连初中文化都没有，要么就是年龄偏大，技工则是奢望。"当天，老赵是最后一拨离开人力资源市场的招聘者，一同走出大厅的，还有另外两家制造业企业负责人，他们和老赵一样低头走路，因为没招来一个工人。

活动体验

请大家从今天开始每天早上七点甩左手 100 下，一个月后老师来统计结果并给予一定的奖励。

反观自我

_____

_____

_____

第三单元
认识职场

知识探究

什么叫职场？狭义的职场是指工作的场所。广义的职场是指与工作相关的环境、场所、人和事，还包括与工作、职业相关的社会生活活动、人际关系等。在职场中要注意职场政治和个人能力两个方面。职场政治表现为自身所处环境的优劣、与同事上级关系。而职业是随着社会分工而出现的，并随着社会分工的稳定发展而构成人们赖以生存的不同工作方式。

"你擅长什么？""对哪个领域比较感兴趣？"听到这样的问题，你的脑海中能否迅速给出答案？近日，在由国内知名职业规划咨询公司"向阳生涯"做出的调查中，近五成被调查者对于这些问题的回答都是"不知道""不清楚"，而随后的调查也显示，这部分对个人能力和发展方向没有清晰认知的人多为职场"闪跳族"，有的甚至工作了五年依旧"有前途没出路"。

案例启迪

事例一：在南京市某家私企做行政专员的陈欣正处在职业发展的迷茫期，虽说工作已经近四年，期间也换过好几份工作，但是陈欣却始终难以称心，不是对薪资不满意便是工作内容令她感到乏味，每份工作仅做一年便到了头。眼下这份行政专员的工作也干了大半年，工作的厌倦感再度向她袭来。只是这一次，陈欣有了更多的纠结。

"虽说我做过策划、当过行政，但其实每份工作我都做得不算出色，而且对于这些工作我早已疲倦，再跳槽我也不想选择同样性质的岗位，可现在但凡能有好发展的公司无一不要求具备出色专业技能，具备2年以上相关行业经验，这些条件我都达不到，如今想跳槽都不知道能往哪里走。"

事例二：工作4年，吴楠已经开始找第5份工作了，他经常感到迷失，薪酬不如意、没有成就感、同事之间相处得不好统统成了吴楠辞职的借口，因为要频繁的面对"重新开始"，他蓄势待发所需的能量日渐不足。吴楠在招聘会上备受打击，回来便伏案自省，恰巧他看到"马斯洛需要层次图"，神一般的将马斯洛需要层次和职业发展结合到一起，絮絮叨叨的总结着自己的失败："我到底该怎么找工作呢，首先要解决温饱问题，然后要努力在集体中找到归属感,创造一些成就,最后实现我的人生理想,可我的理想是什么……为什么我找不到归属感……成就感何来……"

通过自我反省,吴楠终于找到了自己职业真正的方向。

活动体验

你知道当你离开学校,你的未来将会走向何处吗?

反观自我

第一节　中职学生就业准备

知识探究

中职生就业准备是中职生在整个学习期间,为了实现最佳就业目标或获得较满意的工作岗位而进行的预先安排或筹划行为,包括知识准备、能力准备、个人品质、心理准备和求职行动。

一、只有改变择业观念,才能正确的选择自己的工作岗位

第一,树立正确的就业价值观,明确自己的实际情况,先就业后择业。中职毕业生在学校期间,学习的内容专业性比较强。在求职的过程中,如果只是谋求专业对口的工作,那就业面就窄了许多。中职毕业生应该改变这种择业观念,不求一毕业就找到理想的工作,而是先就业后择业。在现在这个社会中,换几份工作,在不同的岗位上锻炼之后,才能寻找到适合自己做的行业,这都是非常正常的现象。在国外,绝大部分毕业生一般都会换三到四份工作,在实践锻炼中才会明白自己的兴趣和爱好是什么,那样才能找到适合自己的工作,而且先就业后择业,更容易让自己积累经验,为以后寻找更适合的工作做到有效的积累。

第二,要有切实可行的职业规划,树立"生存第一,发展第二"的就业观。现在大部分企业招聘员工,都是有工作经验的优先考虑,这种经验不一定是专业对口的经验,而是在社会上工作磨炼的经验。不可否认,应届毕业生因为没有工作经验而失去了很多机会,但是机会从何而来呢?当然是多锻炼。

第三,要有良好的职业习惯,牢固树立"爱岗敬业"的职业信念。面对同样的机会,有的人抓住了,有的人放走了。在同样的岗位上实习,有的人被留了下来,有的人不得不离开。之所以有这样的差别,这除了专业技能有高低之分外,最重要的是要有"爱岗敬业"的职业信念。

二、只有做好就业前的心理准备工作，才能顺利地走上就业之路

第一，要有艰苦奋斗、吃苦耐劳的心理准备。职场不同学校，企业需要的是能够创造价值的员工，如果不能给企业创造价值，那注定会被淘汰。作为即将进入职场的中职毕业生，那就更要做好艰苦奋斗、吃苦耐劳的心理准备。在岗位上任劳任怨，让企业感觉到你是个可用之才，能够为企业创造价值，那样才有更大的发展空间。

第二，要有做平常人，干平凡事的心理准备。谁都不是生来就是做大事的，万丈高楼平地起，企业的领导大部分都是从基层做起的。所以中职生在进入职场前要有"做平常人，干平凡事"的心理准备。比如给办公室同事打字、复印材料、做适当的体力活，不计较个人得失的付出等，这些都能给同事和领导留下好的印象，让你在企业受到欢迎，得到更多的机会。

第二，要有经受挫折、经历失败的心理准备。作为职场新人，经受挫折和失败是非常正常的事情，有犯错的机会说明你有事情做，从这个角度上来说，不犯错何来的进步呢？所以在职场中，如果遇到挫折，经历失败，那没什么大不了的，就如一次小小的考试没考好一样，应该吸取教训，不断改进。当然，给每个人的机会也是有限的，如果你在同一个问题上犯错的次数太多，那就将失去别人对你的信任，失去更多机会。所以在做好经受挫折，经历失败的心理准备的同时，也要做好改正自己缺点的准备。

三、只有切实重视面试，才能受到用人单位的欢迎

现在的企业招工对面试越来越重视，因为面试是对应聘者的直接考核，比纸上的简历和成绩来得更直接些。在学校时，许多学生没有从各个方面得到培养或者是发展，所以在面试之前特别紧张，不知道该准备什么。作为中职生面试时，应该从这几个方面来着手准备：

第一，要对应聘的企业和职位的工作内容做到心中有数。面试人员提出的问题都与招聘的单位是有关的。有的学生为什么一面试就被刷下去了？因为他对企业一无所知。例如，在一次学校组织的招聘面试中，有的学生对这个企业的情况并不了解，就直接面试去了，还问面试官，"哎，咱们企业文化是什么？"。这样的求职是不会有好的结果的。所以，在这个问题上，中职生求职时应该首先注意这个问题。

第二，注意语言的表达能力。一定要注意自己表达能力的培养和训练。就用三五分钟，能够把个人丰富多彩的人生讲述出来，其实就是用人单位在考察求职者的概括和表达能力，流利自如、文雅幽默的谈吐是面试成功的必备条件。

第三，要留下一个好的印象。专业技能可能需要很长时间的培养，但是你给人的印象，在面试的时候，三五分钟就会让人感觉到。所以，整洁的着装、得体的举止，都会给考官留下深刻的印象。比如，在着装的时候，一定要注意，虽然不一定全是穿着西服，但也不要太个性化、太随意了，平常、自然、大方就可以了。中职生的求职路，肯定会布满荆棘与坎坷，很少有鲜花和掌声的相伴。但只要做好思想、心理、能力等方面的准备，就一定能顺利通过企业的面试，走进成功的就业之门。

案例启迪

某毕业班大三下学期一开学便安排在外地实习两个月，正当班上其他同学整装待发之时，小王却不动声色地忙开了：他先找了班主任，拜托班主任如有合适单位，请帮忙推荐，并留下两份自荐材料。然后他又找到学校负责就业推荐工作的老师，请他们有重要信息及时告知自己。

接下来，他走访了自己最要好的一位低年级朋友，拜托这位师弟定期到校就业信息栏看看，将有关重要信息及时通报给他。最后，他仔细查询了即将离开的两个月中各地人才交流会的信息，并据实际情况作了安排。做完了以上联系工作，小王安安心心地前往外地实习去了。这样，小王尽管人在外地实习，却总比班上其他同学消息更灵通，不断接到用人单位的面试通知，选择的机会颇多。实习刚结束，小王的工作单位也顺利敲定。

分析：在日常就业指导工作中，时常会听到有的毕业生抱怨：有这么多用人单位的需求信息，学校怎么就及时通知他而不及时通知我？太不公平了！那些捷足先登者肯定是有特殊关系，得到了特殊关照！真是这样的吗？

据调查，所有学校都希望尽可能多地把自己的学生推荐出去，只要掌握了用人信息都会想方设法通知到有关的毕业生，而实际情况却是由于毕业班同学还是外出实习，就是做毕业论文、毕业设计或外出求职等，联系起来很困难，往往是一条信息要打很多电话，还不一定能找到本人，结果往往是那些一呼即应，或平时主动联系密切的同学总是能抢占先机；而联系不上或不及时的，则造成信息资源浪费，就业机会错过。

上述案例中的小王显然在这个问题上处理得很好，虽然他在求职关键时期人在外地实习，但他能够主动密切与学校联系，使信息来源渠道畅通无阻，赢得了时间和机会。因此，作为毕业生应主动与学校各方面保持联系，多利用各方面的资源，为就业多找一个门路和机会。

活动体验

在校期间，你打算如何从心理、知识和经验等方面做好就业准备。

反观自我

_____
_____
_____

第二节　新时代需要的人才

知识探究

人才的标准从来都不是一成不变的。在东方的战国时代和西方的骑士时代里，最受器重的是力敌万夫的勇士和巧舌善辩的谋臣；在中国的科举时代里，靠着"死记硬背"和"八股文章"而金榜题名的书生最容易出人头地；在西方工业革命风起云涌的日子里，善于用机器的力量改变世界的发明家以及那些精通专业、埋头苦干的工程师成了所有人才中的佼佼者；即便是在刚刚过去的 20 世纪中，大多数企业对人才的要求还停留在专注、勤奋、诚实、服从等个体层面……

但时光荏苒，21 世纪已经悄然来到了我们的身边。在今天这个机遇稍纵即逝，环境瞬息万变的世界里，更多的人拥有了选择和决策的权利，更多的人需要在不断学习和不断创新中完善自己，也有更多的人拥有了足够自己施展才能和抱负的空间……大多数人的工作不再是重复的机械劳动，也不再是单打独斗式的发明与创造。人们需要更多的独立思考、自主决策，人们也需要更加紧密地与他人沟通、合作。

在 21 世纪，现代企业最需要的不仅仅是个体上优秀，或只拥有某方面特质的"狭义"的人才，而是能够全面适应 21 世纪竞争需要的，在个人素质、学识和经验、合作与交流、创新与决策等不同方面都拥有足够潜力与修养的"广义"的人才。21 世纪对人才的要求更全面也更丰富，审视人才的视角也从单一的个体层面转向了融合个体、团队、组织、社会乃至环境等多个维度，涵盖学习、创新、合作、实践等多种因素的立体视角。

案例启迪

某毕业生赶到杭州某人才市场时，已是下午 3 点多钟，此时，许多单位已录满人员撤摊而去，剩下的单位也在整理材料考虑收场，他抱着试试看的心态向自己感兴趣的某单位递了一份材料，并诚恳他说明了自己晚来的原因。谁知刚过两天他就收到了该单位面试通知，一周之后便签订了正式协议，真是山重水复疑无路，柳暗花明又一村。

分析：外出参加人才招聘，一般来说应赶早不宜迟，但有些客观因素是无法预测的，在这种情况下要随机应变，要沉着、有耐心。有时，耐心等到最后，好戏就在后头。总之，要么赶早，给对方留下深刻的第一印象，要么耐心等到压轴，同样也会给单位以深刻的印象。

活动体验

大家查一查近 10 年比较受欢迎的十种人才是哪些？

反观自我

第三节 获得工作的途径

知识探究

第一种方法：积极留意学校网站或者老师发布的就业信息。

老师是最为同学们考虑的，所以老师是会在通知群发布相关的就业信息的。如果你们老师没有在通知群发布这些就业信息也是可以上学校的官方网站找对应的就业模块寻找对应的就业信息的。里面也有很多相关的招聘信息，可以考虑按上面的方式投简历。

第二种方法：留意学校的校园招聘会。

每一年学校都是要求必须去组织一次校招的，然后学校就不得不去给各种公司发邀请函邀请他们过来招人。而且学校邀请过来的企业都是可信度很高的，虽然可能部分公司的待遇不好，但是也还是需要自己去识别了。所以准备好简历过去一家家试，方便快捷。

第三种方法：去参加别的学校组织的校园招聘会。

既然每个学校都会有校园招聘会，对于不同的学校参加的公司也会不一样。而且越好的公司所拥有的招聘公司也更好。所以这时你可以去更好的学校去看看，肯定拥有的机会也是不一样的。

第四种方法：去当地的人力资源招聘会看看。

每年不同时间段都会有一个人力资源招聘会的，在这里你会看到真正的人山人海，里面聚集了全市求职的人。甚至其他地区的人也会跑来这里找工作。所以这时你一定要准备好，拿好自己的简历去试试吧！

第五种：通过互联网的投简历。

互联网当今越来越流行，越来越多的招聘网站出现，而且针对不同的招聘网站所面对的群体也不一样，而且可信度也很高，当然也会存在部分传销公司。就要自己慢慢的去识别了，真的要好好识别！一定要提高自己的识别能力，互联网比较乱，所以需要提高自己的提防意识。

第六种：微信关注推送招聘的公众号。

现在互联网是很流行的了，所以微信公众号也有很多推送招聘信息的网站。你只需要在微信搜索框中搜索对应的实习工作或者招聘公众号就会出现很多相关的信息了，这时你可以关注它们然后等候每天的推送，留意相关工作。

活动体验

联系自己的实际谈谈对你最适合的获得就业信息的途径是哪些？

反观自我

第四节 获得工作的技巧

知识探究

一、初出茅庐，要不断积累工作经验

毕业生刚刚踏入社会，对职场规则了解甚少，需要不断积累工作经验，这个道理谁都知道，但问题就在于如何积累工作经验？

有可能有的用人单位不会刻意要求求职者的工作经验，而刚毕业的学生能力强、可塑性强，那么，你遇到这样的招聘单位，应聘成功率将会很高。然而不是所有的用人单位都对工作经验没有要求，一些企业就很强调工作经验，为此，应届生要做好提前准备。建议可以平时多做一些兼职工作，就算没有很好的工作经验，那也比一张白纸要强很多。

二、找工作切忌好高骛远

对于一些毕业生而言，并非找不到工作，而是由于对工作的期望值过高。在不清楚自己的工作能力情况下，对薪资要求过高，求职不被录用，即使被录用，也会因为没有过硬的本事而不被重视。

还有对一些低档次的工作不屑一顾，盲目地追求一些脱离自身实际的高待遇的理想工作，要求休假、各种补贴、年终奖，甚至还有其他的一些条件，用人单位不可能满足你所有的要求，也要看你的能力能否与这些要求相匹配。这种"半吊子"型的人才，在就业压力日益增大的今天必然要走向失业。

三、找工作时，想想你适合做什么事

之前有过一个求职者，说自己毕业之后找了3个月的工作，依然毫无头绪。但在跟踪过程中发现，这位求职者一下把职位定位到文员，一下又定位到销售，前前后后，推荐了十几个岗位，后来认认真真跟求职者沟通交流之后，发觉他对外贸行业很感兴趣，就专门推荐他到外贸行业工作。

很多毕业生跟上述案例中的人物有类似的经历，往往不知道要给自己做好一个职业规划，而是盲目地寻找工作，却还不知道自己究竟要找个什么样的工作，所以三天打渔两天晒网，常常是在这个岗位干了几天，换工作又只能做几天，如此频繁地更换工作对于自己还是用人单位都是非常不负责任的做法，也没有企业敢用你。

四、欠缺思考，找工作要多方面考虑

找工作的时候，不是单一了解应聘职位薪资、福利等待遇情况，对用人单位的公司氛围、背景等也要充分了解，一般的用人单位在招聘广告发布的公司信息，都是经过修饰美化的，如果你没有去了解，潦草了事，就会弄得你离想找的工作越来越远。

五、寻找更多求职渠道

不要把求职渠道局限在招聘网站上，可以动用自己身边的关系来为你推荐工作，不是让你走后门，只是获取更多招聘信息。另外一些公司的官网上也会挂出招聘信息，还有社区公告栏、招聘会等，都要充分利用。

六、请不要一份简历包打天下

简历简洁有力，这是前提，但更重要的一点，或许不少朋友忘记了：千万别对每一家单位都投一份同样的简历。有针对性地讲你的特长，切合相关单位的需求是极为重要的。当然还有其他方面值得关注，但有针对性的简历是真正的敲门砖。

七、把自己喜欢的工作当回事，多一些代入感

面试之后，如有可能，抓住面试的问题，去做一些延伸，甚至跟用人单位建立一些良性互动，时不时提一些建议。面试你的机构负责人，真对你有兴趣，会给你名片，那就带着问题与他们保持联系，多一些代入感，不会错的！

案例启迪

A 先生在一家知名企业工作，被派驻到了海外，因为家庭的原因，他希望回居住地发展。于是，他开始投递简历、进行面试。他海量地往多家公司投递简历，以致他自己都不记得投递过多少家公司的简历。有一天，他接到了一位 HR 的电话通知，希望他能去公司面试。他信心满满地穿了一身职业装，第二天按时前往。面试开始了，HR 很礼貌地和他沟通，请他讲述一下他的工作经历，在过程中也询问了一些情况。A 先生的工作经历与他所应聘的岗位有一定相关联系，然而也有很多不足之处。于是 HR 便向 A 先生询问其对所应聘职位的职责和要求是否清楚。但 A 先生竟然不记得自己应聘的到底是什么职位，更说不清该岗位具体负责什么和该岗位的要求。不仅如此，当 HR 提示了 A 先生之后，他依然对该岗位所要求的产品方面的知识一无所知。在这样的情况下，HR 对 A 先生感到非常失望，一个多年工作的职场人，重新找工作的时候竟然如此盲从。HR 告知 A 先生在面试前需要对行业知识进行一下了解，A 先生竟然自负地说："我面试了多少家公司了，用不着你来教我怎样面试！"之后愤然起身离去。

面试小贴士：

1. 应聘工作需要有针对性地投递简历，切忌盲目乱投。

2. 应聘工作要做到知己知彼，对公司的情况、公司招聘的岗位职责和任职要求要非常熟悉，再对自己进行分析，自己是否能承担这样的职责、是否能符合该岗位的要求，从而沉着应对。

3. 对该岗位的相关行业知识要做深入了解，做个主动积极的人，这样能让自己在应聘过程中表现得更加专业。即使不能应聘成功，学习一些有用的行业知识总是没有坏处的。

4. 在面试过程中秉持谦虚的态度，不要狂妄自负，双方应保持互相尊重的和谐氛围。

过于情绪化的表现对求职成功有害无益。

活动体验

请大家写一份求职简历。

反观自我

_____
_____
_____

第五节　工作适合自己就好

知识探究

很多人总是询问："什么工作前景最好？我已经参加工作几年了，要不要改行？"这样的问题。

首先，什么工作前景好，是因人而异的。每个人的性格、能力、思维、环境、工作方式等因素都会影响未来职业的发展方向。工作的选择因人而异，没有最好的工作，只有最适合自己的工作。要弄清自己擅长什么，再去找对应的工作，更容易获得好的发展。对于上班后又准备转行的人来说，要清楚地知道，转行不是一件容易的事情，这种行为存在很多风险。很多人随意转行，结果却还不如从前，越转越差。

要清楚自己擅长什么，喜欢什么，我想要一个最好的工作，当然是做自己喜欢的事情。如果没有喜欢做的事情，那就要做自己擅长的事情，这样就尽可能减少遇到的挫折，同时减少抵触心理。要给自己做一个长远的规划，轻易不要尝试转行，换工作需要时间成本和经济成本。如果暂时没有好的计划，那就先提升自己，为转行做准备。每个人的时间都是有限的，机会也是有限的，在做选择之前，除了深思熟虑，还要有所付出，在行动的过程中弄清自己的真实需求。

世上本来就没有最好的工作，只有更适合自己的工作。工作的前景也是由行业的前景这个大环境所决定的，这就需要一定眼光和行动力才能更好地抓住机会。

案例启迪

找一份好工作，其激烈程度远超升学和高考。残酷的职场将告诉你：和你抢同一个职位的人，不仅仅是那些学历更高、学校更好、专业更受欢迎的同龄人；还有那些工作经验更多，社会阅历更广的前辈；还将涌现出那些比你更有活力，薪资要求更低的后辈；甚至还有各种智能化的机器……

调查研究显示，当一个人的学习和工作处于"优势"与"兴趣"的"重合区域"时，便能达到最佳状态，即个人的最佳领导区。也就是说，既能充分发挥优势，又能富有激情地做自己喜欢的事,这样的生活往往更幸福,事业也更成功。

我们每个人都有属于自己的才干和优势,只有发挥优势,才能让自己的努力卓有成效。也就是很通俗的一个道理:不能让乌龟去赛跑,或者兔子学游泳。要想成功,兔子就应该赛跑,乌龟就应该游泳,小松鼠就得爬树。美国政治家富兰克林说过,"宝贝如果放错了地方,便成了废物"。在人生的坐标系里,如果站错了位置,用他的短处而不是长处来当作"武器"的话,那是非常可怕的,他可能会永远地失意下去。

案例启迪

一个穷困潦倒的青年来到巴黎,期望他父亲的朋友能够帮他找到一份谋生的工作。"你精通数学吗?"父亲的朋友问他。青年羞涩地摇头。"历史和地理怎么样?"父亲的朋友又问。青年还是不好意思地摇摇头。"那法律呢?你擅长吗?"父亲的朋友接着问。青年窘迫地垂下头。"会计怎么样?"父亲的朋友连续发问,青年都只是摇头,似乎他一无所长,连一点优点都找不出来。"那你先把自己的地址写下来,我总得帮你找一份事做。"父亲的朋友说。青年羞涩地写下了自己的住址,然后转身要走,却被父亲的朋友一把拉住:"年轻人,你的名字写得很漂亮嘛,这就是你的优点啊,你不该只满足找份糊口的工作。"把名字写好也算是一个优点?青年难以置信地看着父亲的朋友,但在对方眼里,他看到了肯定的答案。数年以后,青年果然写出了享誉世界的经典作品,他就是家喻户晓的法国19世纪著名作家大仲马。

活动体验

请大家谈谈自己的优缺点和兴趣。

反观自我

_____
_____
_____

知识探究

基层就业

从2004年至今,国务院相继出台了一系列鼓励高校毕业生到基层和艰苦地区工作的政策。明确要求各级政府要为高校毕业生创造工作条件,主要充实城市社区和农村乡镇基层单位,从事教育、卫生、公安、农技、扶贫和其他社会公益事业。在艰苦地区工作2年或2年以上者,报考研究生的,应优先予以推荐、录取;报考党政机关和应聘国有企事业单位的,同等条件下,应优先录用。

鼓励到城乡基层就业是促进高校毕业生就业的重要渠道。这些年,为了引导高校毕业生到城乡基层就业,政府出台了一系列扶持的政策措施。

一是在学费补偿方面，对到中西部地区和艰苦边远地区县以下基层单位就业，服务期达到 3 年以上的高校毕业生，按规定实施相应的学费和助学贷款补偿。

二是高定工资。对到艰苦边远地区或国家扶贫开发工作重点县就业的高校毕业生，在机关工作的，试用期工资可直接按试用期满后工资确定，试用期满后级别工资高定 1 至 2 档；在事业单位工作的，可提前转正定级，转正定级时薪级工资高定 1 至 2 档。

三是放宽职称要求。高校毕业生在中西部地区和艰苦边远地区县级以下基层单位从事专业技术工作，申报相应职称时，可不参加职称外语考试或放宽外语成绩要求。

四是公益性岗位补贴。对到农村基层和城市社区从事社会管理和公共服务工作的，符合公益性岗位就业条件的，给予社会保险补贴和公益性岗位补贴。

五是考研加分。毕业生到基层就业满 2 年，服务期满 3 年内报考硕士研究生，可享受同等条件下优先录取等优惠政策。

六是定向招录。自 2012 年起，省级以上机关录用公务员，除部分特殊职位外，均应从具有两年以上基层工作经历的人员中录用。

此外，有关部门还组织实施了大学生村官、"三支一扶"计划、农村教师"特岗计划""西部计划"等一批基层服务项目，组织一部分高校毕业生到城乡基层教育、扶贫、农业、医疗卫生等领域从事志愿服务，服务期满后也有相应优惠政策，2014 年共有 14 万名高校毕业生到城乡基层服务，既充实了基层人才队伍，也为基层事业发展发挥了积极作用。

活动体验

你想去偏远的地方工作吗？请谈谈原因。

反观自我

第六节　走进职场需做的准备

知识探究

一级准备：融入企业文化。

在签订就业协议之前，学生对于即将入职的企业可能只有简单的了解，但是，对于想长期在企业工作的员工来说，如果想在众多求职者中脱颖而出，就要首先了解企业的文化，知晓企业的文化理念才能让自己最先成为一个职场人。据了解，很多企业在新员工的入职培训中都会有企业文化理念的培训，一定要认真学习。另外，一般来说，试用期内，企业的职能部门和人事部门都会对新人进行考核，职能部门主要是对新员工的工作能力是否适应工作岗位进行考核，人事部门则主要是对新员工遵守规章制度、协作能力等方面进行考核。对新人来说,要重视企业的试用期,因为对于一般的企业来说试用期也就是企业对新员工的考核期,多看、多学、多问,只有这样才有可能平安度过试用期,并给企业的人力资源部门留下好的印象。言行中一定要遵守企业文化的理念内涵,切忌言行举止与企业文化发生冲突。

二级准备:试用期别忘签合同。

以往,很多学生在找到工作后,并没有与招聘企业签订劳动合同,而只有口头协议。在进入到企业后,一旦遇到企业的人事变动或调整,学生往往因为没有劳动合同被莫名其妙解雇,当然,此时学生自身的利益也得不到任何保障。所以一定要注意,即使是在试用期间,也应该与企业签劳动合同,在合同中规定双方权利义务,相对于招聘企业来说,学生属于弱者,要留心用人单位的合同是否符合法律规定,维护好自身的利益。

三级准备:与团队打成一片。

进入职场,学生将面临新的人际关系,如果由于自身的性格等原因,不能与同事很好相处,很容易造成被疏远的局面。对于初入职场的学生来说,如果人际关系遇冷,那么很难被企业重用。现在企业都非常注重培养员工的团队精神,为此还不惜重金并耗费大量财力,初入职场学生定要保持良好的人际关系,以谦虚的言行与同事间和睦友好相处。

活动体验

大家说说我们的校园文化是什么?你是如何融入我们的校园文化的?

反观自我

_____
_____
_____

知识探究

现代职场需要的人才

一些与工作失之交臂的人,根本不知道企业到底需要什么样的人。虽然这个问题并没有标准答案,但无论是哪种类型的企业进行招聘,都会偏好具有以下素质的人才。

一、既要有知识又要有能力

即基础知识扎实,知识面宽广,文理结合,全面发展。同时又要具备运用知识的能力和创新能力。

二、学习能力强

当你步入职场,这是一个新的开始。你在工作上的表现,很大程度上和你的学习结果有关系。对于所需的行业技能,你越快学习就能越快掌握,从而可以为企业创造更大的效益。

三、有团队合作精神

团队合作，小则关系到项目的成功与否，大则影响企业目标能否实现。只有劲往一块使的团队才能减少企业的内耗。所以，具备团队精神的员工，能够推动企业的发展。

四、执行力强

执行，是企业运作中的一个环节。无论是新人还是老员工，一个对于上级安排的任务能认真、高效率完成的员工，最受企业欢迎。

五、有沟通意识

企业其实也是个小社会，所以，沟通就成为一项必不可少的技能。企业非常需要那些和领导、同事有沟通意愿的人，这样才能适时地解决企业存在的问题，在企业内部营造一种良好的工作氛围。

六、有责任意识

责任心，是员工必备的素养。每位员工都在为企业工作，有责任感的人往往对自己的工作要求更加严格，能够在很多地方减少失误，对自己的工作也更具备热情。一个有责任感的员工更能让领导感到信任，能放心将重大的任务交托出去。

七、具有优秀的全面素质

所谓全面素质不仅包括业务素质，还有思想道德素质、心理素质、文化素质，即必须具有创造力和健全的人格，具有奉献精神和合作精神的复合型人才。只有适应性强，有创新精神，拥有多种技能，以及良好的思想道德素质和团队精神的人才能适应国家和社会对未来人才的需求。

八、懂得付出

斤斤计较的员工，在职场上走不远。有舍才会有得。懂得付出，将公司集体利益最大化的人会受到领导的赏识，因为这样体现的是你的大局意识。也只有一开始付出行动，才能让领导看见你的能力与价值，才能得到更高的评价。

其实，每个人都可以成为人才。尺有所短，寸有所长；闻道有先后，术业有专攻。能让卫星上天的是人才，能让马桶不漏水的也是人才，在不同的方面，大家都可以骄傲地说，我是一个有用的人！关键是要把自己付于社会发展的熔炉，让各自的能量燃烧放射出夺目光彩。

案例启迪

皇朝贸易公司总经理办公室的秘书李丽聪明能干，在公司深受重用。她经常与罗浪斯公司的总经理秘书陈珍妮在一块游玩。两家都进行皮革进出口贸易。虽然两人的性格完全不一样，李丽热情开朗，乐于助人，陈珍妮温柔沉静，内向含蓄，但两人几乎是无话不谈的好朋友。在一次闲聊时，陈珍妮说最近的心情不太好，因为公司生意一直不佳，总经理急得茶饭不思，并且常常把气出在她的身上。李丽说："你也不要太在意，我们做秘书的要自己调节心情。我们公司的成绩倒不错，我们经理在今天上午就签订了一个合作意向书，有上千万元。如果这笔生意做成，可以赚进100多万元。我没法告诉你详细的情况。但这次谈判确实非常顺利。"李丽一边说，一边沉浸在谈判成功的喜悦之中。过了几天，李丽跟随总经理去白天鹅宾馆与德国某贸易代表团签订正式合同，过了约定的时间，还不见代表团的影子。后来德国某公司长驻中国的代表打来电话说：代表团已于昨天回国，就在昨天上午与贵市的罗浪斯公司签订了购货合同，价格低于贵公司百分之十。皇朝贸易公司上下都非常沮丧，李丽更是懊恼无比，她懊悔没有提醒总经理及时采取快速行动，也责怪自己没有时时注意德国代表团的动向。令她百思不得其解的是"罗浪斯公司是怎样获取德国代表团的情报的？他们是如何抢走生意的？

活动体验

你打算在学校期间如何提升自己的职业素养？

反观自我

第四单元
走进职场

第一节 职场生存法则

在职场中,每个人从事着各自不同的岗位,都有自己的角色,而且都想把自己的角色扮演好,然而同样都是在职场上工作,每个人扮演出的角色效果却是不一样的,这主要表现在一个人对待工作的态度、在工作中的行为表现和工作的实际效果,这些不同的表现展示出职场个体的形象差异。

职场如人生,人生如职场,其实职场和生活的道理有很多共同性。

脱离校园进入社会,社会就是一个"职场",它会教会你很多东西,而职场则像是一个小型的社会,在公司里每一天都是一次学习的经历。如何在职场学会"生存",这些一定要记住。

知识探究

职场生存法则一:勿打听

爱打听,论是非,说闲话,这是每一个单位都讨厌的。多做少说,只要老板足够英明,就不会亏待你的。

案例启迪

一家公司来了一位实习生,名校毕业,学历很高,能力很强,唯一有个缺点,就是爱打听别人的工资。众所周知,绝大多数的公司,对员工的工资都是保密的,而员工之间互相交流工资也是明令禁止的。但这位实习生锲而不舍,在知道其他同事月薪过万,而他的工资不足5000元后,实习期还没结束,就辞职了。这样一位不把心思放在工作上,整天琢磨工资的人,就算自己不走,迟早也是会被老板辞退的。你把态度放端正,你的能力被老板看见,你的薪资最终也会与你付出的劳动相匹配。

活动体验

午休时你回到教室,看到有几个同学聚在一起悄悄说话,你会怎么做?

反观自我

知识探究

职场生存法则二：融入集体

不管你的能力有多强，都要学会在团队合作。

案例启迪

朋友刚进公司的时候，总是有使不完的劲，有时候她觉得是团队的进度很慢，就不经过大家商议，自己往前冲。她的领导当着所有同事的面"赞赏"她，"××个人能力很强。"一开始沉浸在被老板认可的喜悦中，没有意识到，这是老板在提醒她，要有合作意识。后来她再不顾团队的时候，一位前辈委婉地告诉她：老板很欣赏她，但就是没有完全融入集体，这样以后的工作，不好开展。

有团队合作精神，更容易融入集体，与同事之间也能融洽相处。同事之间需要互相协作，彼此了解得更多，工作的过程中，沟通成本也会低很多。

活动体验

学校运动会上，没有参加任何项目的你会干些什么？

反观自我

知识探究

职场生存法则三：不怕吃亏

职场上，做好本职工作是本分，做好延伸的工作是能力，把琐碎的工作做得井井有条，并完成得很好，就是你升职加薪的基石。

案例启迪

行政助理小王，和大多数秘书、助理一样，每天的工作非常琐碎，无非就是打印材料、整理资料、添置办公设备、记录考勤等。很多人都觉得这种工作很枯燥，做起来没劲儿。可小王却很踏实，每天忙得不亦乐乎。她做事很仔细，极少出差错。她每天快速地做完自己份内工作后，就开始搜集一些资料，包括公司过去的资料以及一些经营、销售方面的书籍，然后她对这些资料进行整理和分析，并针对公司中的问题写出自己的建议，几乎每个月，她都会给老板提交一两篇这样的报告。

老板看过报告很是吃惊。因为从来没有人要求她做这些事，可她却有缜密的心思，把问题分析得头头是道、细致入微。他觉得这样的员工是不可多得的人才，并且采用了她很多的建议。

平日里，在工作中有时候还会帮同事一起处理工作上的问题，甚至还会为了帮同事而加班到晚上9点。老板知道后，又觉得她很真诚、人缘也好，如果做了主管，也肯定能协调好上下级关系。

后来，她就真的升职做了行政部主管。

活动体验

上课铃声响了，老师走进教室但是黑板还没有存留着上一节课的板书，坐在前排的你会怎么办？

反观自我

_____

_____

_____

知识探究

职场生存法则四：钝感力

"钝感力"是什么意思呢？可以直译为"迟钝的力量"，就是对周遭事物不过于敏感的能力，它强调的是对抗困难的一种耐力，是厚着脸皮对抗外界的能力。

"360"创始人周鸿祎曾经这样告诫年轻人关于"钝感力"的重要性："人在年轻的时候，还是应该迟钝点，让自己的心变得粗糙点，能够承受各种锻炼和痛苦。你可以选择在年轻的时候肆意妄为，但如果没有趁年轻打下一片基础，凭什么在中国这样一个环境越来越复杂、竞争越来越激烈、CPI越来越高的地方生存下去？"是啊，如果你的心不够强大，性格不够坚韧，在职场上经常玻璃心碎一片，很难有成长。在你不够强大的时候，面子是没有多大用的。所以，不怕丢面，把所有的顾虑都抛到脑后，直面困难。我们看到有些同事，在遇到问题的时候，非常淡定地就接受，并默默承受着压力，把问题解决掉。其实，这不仅仅是与外界妥协，也是与自己和谐相处的过程。让自己的心稍微迟钝一些，磨炼自己的意志，努力坚持，才能在未来的成功路上无坚不摧。

反观自我

_____
_____
_____

知识探究

职场生存法则五：职场三不要

有一句话是这样说的："职场如战场。"在职场中每个人的角色和利益都不相同，难免会有一些冲突、矛盾。怎样能避免这些潜规则，做到这三不要，就事半功倍了。

一、不要拒绝培训和提升的机会

现在早已不是一招吃遍鲜的时代了。如今的职场，只靠一门技能是无法生存的，只有不断学习，不断提升自己才能适应如今多变的职场要求。

二、不要忽悠你的客户

在当今这个信息诈骗泛滥的年代，在这么多可供选择的面前，信任和选择一个人需要付出多么大的风险和勇气。所以千万不要忽悠一个信任你的人，否则丢掉的何止一个客户，而是你在这个行业的信誉。

三、不要道听途说

职场无大事，有事尽八卦。职场人工作之余爱八卦，之所以说是八卦，是因为它的真实性有待考证。往往一个无伤大雅的事传到另一个人口中就被杜撰了无穷大。这样对当事人就会造成极大的伤害。难免你不会被当成重伤的对象。所以不伤害他人，也避免自己被伤害。对于职场的一些流言蜚语，听听，笑笑也就罢了。

案例启迪

业主陈某为装修其在月伴湾的一套住房与安徽九金装饰公司在 2017 年 12 月 1 日签订了装修合同，并付装修款 60%，即 48000 元，而九金公司（法人金岩）只做了 1 万元左右的活就不再往下进行了，业主多次催其施工，九金公司以种种借口推诿或不予理睬，至今不愿露面解决问题。后该装修工程被转给泽沐公司（法人王婷），消费者又付了装修费计 33000 元（包括九金公司转的 5000 元），而泽沐公司也消极怠工只做了一小部分活，就不再进行，并玩失踪，不接电话。至今陈某住宅历经 2 个装饰公司，付出费用 76000 多元，而住宅装修却只进行了 35% 的工作，1 年多无法入住，上述 2 个装饰公司不但不退还没有做的工程款，并置之不理，给消费者陈某带来很大的经济损失和家庭纠纷。市装饰协会接到投诉后到现场验看，认为业主反映情况属实。市装饰协会联系上述两个公司负责人，电话总处于无法接通状态，或不愿接受调解和处理。装饰协会认为上述两个公司无视消费者的合法权益，不讲诚信，违反合同约定，甚至欺骗消费者，应曝光并吊销其营业执照，以示警告，从而避免更多的装修消费者受到侵害。

活动体验

单位有一个外出学习的机会，但是回来后要写一篇总结并给全体员工培训，你会去吗？

反观自我

第二节 为人处世之道

知识探究

很多人一谈到人际关系，都说不会处理。有些年轻人，心高气盛，常和领导吵架，对谁都不服，看谁都有毛病，看谁都看不起。可是当你经过了多年的修炼，慢慢就会体会出了一些做人的道理，并且也会对这些道理顿悟，发现了人不会处理人际关系的一些心理障碍。下面是在职场中处理人际关系的沟通技巧，供大家讨论。

一、要学会控制自己的逆反情绪

人在听到和自己观点不同意见的时候，本能的反应就是抵抗。而在这种情绪的带动下，就很难清醒地分析对方的观点，听不进去对方说的任何话语。这个表现往往发生在讨论会议中，或者听到别人的批评意见的时候。不会与人沟通的人，往往表现是，别人刚说完自己的观点，他就跳起来反驳，而且言辞激烈。这样的人给旁观者的感觉是，这个人不善于控制自己的情绪，固执己见，不善于听进去别人的话，自负自大，可能很聪明，很能干，但是会让人有惧怕接触的心理。

处理这样的问题的时候，首先是自我调节一下情绪，稳定几分钟，把上来的逆反情绪平息下去。然后带着平和的心理去听别人的意见。当听到其他意见的时候，首先仔细听，他的和我的有什么不同？他的想法有什么漏洞？按照他的想法会出现什么样的负面后果？他是否有预案？他说我的缺点，是不是我真的存在？是否有误会？如果是误会应该如何解释？一般会对对方指出的你的缺点，首先表示感谢。要说："谢谢你的直率，因为我有很多缺点自己看不到，需要有人帮我纠正，这样我以后才能知道怎么改正这些缺点。"如果需要解释的误会，我会用最短的时间解释清楚。

二、要学会客观地看待别人的优点，并且客观地看待自己的缺点

每个人都有自负的心理。这个心理表现在在别人背后说别人的"毛病"，都觉得在某个方面，那个被说的人不如自己。

在职场中，最容易出现这个现象的时候，就是有人被提升，有人被嘉奖，有人被宣传。这个时候，人的嫉妒心理、自卑加自负的心理，会刺激人的报复欲望，其表现就是要说这个人的"坏话"，来疏解自己的不平衡心态。而当你说的时候，你要清楚地意识到，你有嫉妒心理，说明你不如人家。你可能会觉得你哪里都比人家好，为什么不是你？很多人最容易平衡自己的话，就是：他会拍马屁。记住，当你用这句话评论别人的时候，说明了你至少承认了自己的两个缺点：第一自己不会和领导沟通；第二，有嫉妒心。如果你把这样的情绪，散发给同事，那么你就危险了。因为你不知道这些话什么时候就会传到对方耳朵里，或者老板耳朵里，那么你的职业上升就永远停止了。

因此，在职场中的人要学会正确地平衡自己的不良心态。那就是学会客观地看待别人的优点。如果自己也能做到，那么就去努力。如果自己做不到，也不要产生嫉妒。那么对待自己因此而不能得到提升，也要心服口服。

三、要学会反驳别人意见的技巧

这个在职场中很常见。可以用提问题的方式来让他回答。当然，前提条件是认真听取别人的方案。在听的时候，用挑剔的态度去听，也就是找对方方案的漏洞。然后把问题记下来。等他结束了，就一一提问。如果对方都能有很好地答复和解决，那么就要心服口服。如果他有考虑不全面的，那么就可以提出自己的方案。反驳别人的方法，就是不要直接对对方说，你这样是不对的。要用提问的方式让他自己说出来，自己不对，或者找到证据告诉对方，不对在哪里。

四、要学会尊重别人，不论这个人在公司中处于什么职位

如果你要在职场中工作得愉快，那么就要和任何人相处得融洽。要懂得尊重任何人。从负责卫生的阿姨、接待，到各个部门的同事。如果看到阿姨在打扫你的办公室，你可以帮助她，并表示感谢，其他人看到你这样对待阿姨，她也同样地对待阿姨，而与此同时阿姨可能最爱打扫你的办公室，你办公室里的鲜花换得最勤，这就是相互尊重的结果。同样，对待任何部门的同事，都要以尊重的态度。如果你是单位领导，中午尽量争取和大家坐在一起吃饭，并且有说有笑。相互了解，相互尊重，他们会认真履行他们的工作职责，更是对你个人极大的支持、帮助。其实对任何人的尊重不是表现给谁看的，是自我修养的一种修炼。但是，你自觉地这样做的同时，其实别人也看得到。

五、要学会和领导谈话的技巧

很多人非常不习惯和领导谈话，一听和领导谈话就紧张。和领导谈话，有几种情况：讨论工作，接受意见，要求利益。不论哪种情况，你要懂得，你要站在他的角度说话，要说他希望得到的答复。

比如讨论工作，他既然找你，就是要听你解决问题的方法，而不是听你抱怨工作困难。也许领导会迂回地问你一些工作情况。你千万不要以为他是真的要听你打小汇报。很多人都不懂领导说话的艺术，结果抱怨工作，抱怨同事，对公司提出很多意见。看似你很真诚，可是领导不这么看。领导会认为你是一个不懂沟通，背后爱打小报告的人，即使你告诉领导别人说他的坏话，领导照样会看不起你。最好的表现就是，夸奖和你一同合作的

同事，对你们的团队合作表示满意。这样领导会觉得你是一个很有团队感的人，很会尊重别人，会沟通。其实这样也是给自己以后留后路。你想想，如果你总在同事面前夸别人，一旦有一天那个被你夸的人诋毁你的时候，听的人一定是对诋毁你的人产生反感和鄙视。如果这个人是领导，那么倒霉的是谁？所以经常在别人面前夸奖别人，只会对自己有好处。说别人坏话的，只会给自己找麻烦。如果领导找你，委婉地提出了对你的意见，你也不要激动，不要情绪低落，要冷静地考虑，你也许真的做得不好。你也可以坦率地征求领导的意见，问领导，您觉得我怎么做更好呢？如果领导给你提出了一个具体的意见，你就要注意，这个一定是领导最在乎的。比如他可能说，我希望你以后还是要把精力多放在业务上，说明他对你的业务表现不够满意。他如果说，希望你以后多和同事好好沟通。说明他对你人际沟通，与同事相处能力不满意，那么就一定要改；否则你即使换工作，照样会有同样的问题存在。如果是要求利益，这样的谈话最需要谈话技巧。当然，要求利益的前提是你一定是为公司做了贡献，切忌说威胁公司的话。比如你如果达不到要求，就提出辞职等。而要说，你相信公司会给你一个激励的方案，使你更愿意努力，衷心地为公司的发展做更大的贡献。你相信公司正是因为有很好的奖励机制，才能更好地留住为公司做出贡献的员工。

六、要学会真诚地赞美别人

每个人都要有爱赞美别人的习惯。如果总觉得说的话肉麻，自己说不出口。其实原因就是，你从心里就觉得人家没有你好，这是既不能客观地看待自己，也不能客观地看待别人的表现，所以赞美不能由衷。小李经常在办公室赞美同事。夸女孩子漂亮，或者她的香水味好闻。夸男同事幽默风趣，办事干练。结果是，他们也会拿同样的赞美回报小李。你高兴，他高兴，大家一起乐融融。一次，老板剃了个新发型。他一进来小李就发现了，所以小李就说。我喜欢你这个新发型，够酷。给他高兴的，还冲大家挤挤眼睛。然后大家一起大笑。从另一个角度来说，你经常夸奖别人，也会给人造成亲近感，对你日常工作都是帮助。你办任何事情都会比别人容易。

七、要学会和与自己有利害关系的同事相处

在单位，你一定有和你竞争的同事。原则和相处策略是：这样的同事绝对不可能成为好朋友。和这样的人相处，一定要保持距离。但是，还要和他相处融洽，绝对不能和他议论同事的是非，而且越是对自己的竞争对手，越要夸，见人就夸他。因为能够夸竞争对手的人是要有一定度量的。当然同时自己一定要做得比他好。夸他也是为了夸自己。他很有可能会因为得到利益，或者要打败你，而说你的坏话，这个时候，听的人就会快速地对他的人品作出评价。

八、要懂得办公室规则，不要触碰办公室"禁区"

与同一个部门、一个办公室的人发展爱情，为大忌；与办公室的同事说同事间的坏话，为大忌；与办公室的同事发展"深厚友谊"，并且什么话都说，包括自己的隐私，为大忌；与办公室的同事一起议论老板，为大忌；在办公室穿不得体服装，为大忌；打听同事的隐私，包括工资，奖金，婚姻状况等，为大忌；在办公室公开和同事吵架，为大忌；

与同事拉帮结派，为大忌；到老板面前说同事的坏话，为大忌。

活动体验

单位派你和你的死对头合作一个项目，你会去吗？在合作过程中你会怎么做？

反观自我

第三节　职场处世误区

知识探究

职场处事中，总有的所作所为会存在误区，如果处置不当，会造成不小的问题。

第一大误区：阿谀盲从

职场新人，遵守职场礼仪即可，不必处处迎合上司。通常上司在意的是新人是否愿意学习，能否达到招聘预期，如果能快速融入职场，为公司创造出商业价值，新人不靠逢迎拍马，也能得到上司的认可。否则，容易引起同事之间关系的紧张，让自己限于孤立，不利于长远发展。

案例启迪

王丽是一个阳光漂亮的女孩，去年毕业的大学生。大学一毕业，就在一家在贸易公司当秘书。待了没多久，就出现了人际关系问题。王丽性格外向，爱笑爱跳，脑子灵光，入职没多久就成了上司的跟班。凡事都竭力讨好上司：吃饭时，帮上司端茶倒水；平时，见到上司总是点头哈腰，上司交代的任何事，事无巨细，她都竭尽全力。有时，甚至通宵达旦，直做到凌晨；周末，还主动热情去帮上司接送孩子。

公司一些同事看不下去，背地里都说她是个十足的马屁精："简直就是领导的佣人。"久而久之，同事们对她都评头论足，指指点点。对她不爱搭理，渐渐疏远她，但凡王丽的事情，同事们都不愿帮忙。

满以为上司会重用她，没想到，又一年过后，她竟然被老板辞退了。她满腹委屈，百思不解，我什么地方错了，我怎么了？

专家支招：职场新人入职总会遇到一些不适应，这也是为什么每一个新人进入职场时都需要经历"适应期"。只有在环境中快速调整自己，与职场充分磨合，依照自己的职业定位和目标，尽快提升自己的综合能力，才可能从学生快速转变为职场人。

职场新人在认真工作的同时，不能忽视了人际关系的处理与平衡，千万别做办公室里不讨人喜欢的仙人掌和狗尾巴花。

职场如战场，很多人在里面搜索枯肠、费尽心智，既要逢迎领导用意，又要搞好共事关系，因此往往需要学习一些职场之术。孔夫子早在两千多年前的《论语》中就已经教给了我们很多做人处事的道理，这些在今天的职场中同样实用。

活动体验

你的同桌今天穿了一件新衣服，但是衣服和她的身材极其不符合，她问你衣服好看吗？你会怎么回答？

反观自我

知识探究

第二大误区：好高骛远

对于职场人来说，最怕的就是好高骛远，定的目标太高，择业盲目。一些大学生尤其是名牌或重点学校的毕业生，只单向考虑自己的就业理想，对自身缺乏正确定位，抱着好高骛远的心态进入职场，总以为一毕业就应该踏进世界五百强企业，一下子进入高层管理岗位，对基层工作不屑一顾。长此以往，这样的人终将被职场所淘汰。

案例启迪

郑允是一个"混"得开的人，各科成绩优秀，表现突出，提前入了党。毕业后，郑允每次面试，都顺利得让人不敢相信，这让那些在水深火热中找工作，依然无果的同学们好生羡慕。郑允去面试的几家医院，都给他伸出了橄榄枝，毕业后，他就去了县城的人民医院工作，虽然刚开始工资低点，但是消化内科这个科室还是很有发展前途的。

一个月后，郑允却意外的辞去职务了，理由是薪酬太低。一个月2000元不到的收入，满足不了他的平常花销，他期望寻求得到更好的发展空间和渠道。很快，郑允又在市里面的一家三甲医院面试，尽管是个B超科室，可是也是个三甲医院，并且薪酬也比之前多了1000来块，郑允觉得很满足。风风火火地干了几个月。

半年后的一次同学聚会，郑允得知从前与自己同在一所大学毕业的女同学王萍进了附一医院，做了消化内科的值勤医师，薪酬奖金高得让他咋舌，这让他十分的羡慕。通过曲折探问，他得知附一医院在下一年的九月，也要接收一名B超室的作业人员。心里乐开了花，预备去碰运气，因为附一医院算是这个市里最佳的三甲医院。

这一次，郑允在面试前下了许多功夫，不光访问了那个女同学，还耐心请教了她许多专业知识方面的疑问，结果还不放心，在网上搜集了与这个科室关联的许多材料，毫无例外，这一次，他又十分的成功。在新的作业岗位上，郑允做得很仔细，可是，时刻久了，郑允就开始厌烦和悲伤。由于他的科室跟同学的那个科室底子没得比，不光薪酬相差一大截，并且，奖金也比她少许多。这让他十分愤慨，立誓重回本来的消化内科科室，回头再来与同学一决高低。

然而，当郑允再一次回到原来的那家人民医院面试时，却遭遇了拒绝。以前那个担任他导师的主任医师很可惜地对他说：你确实是一个优秀的人才，也很优秀，我也曾经想费心培养你，但是你太心浮气躁，好高骛远，静不下心来等待机遇的降临和命运的垂青，你走后，我收了一个不如你的小杨作学生，他努力好学，不耻下问，很珍惜这份来之不易的工作，现在的他，已经被破格提升为我们科室副主任，工资也比之前翻了几番……

专家支招：职场上，眼高手低不如脚踏实地。取得就业成功，获得立足本职的机会，就得发挥优势，努力施展个人才华，最大限度发挥潜能，在为公司创造效益的同时，体现出自身的人生价值。如果不珍惜眼前的机会，率性而为，消极应对，好高骛远，盲目自信，只会自己搬石头砸自己的脚，最终，吃亏是还是自己。

活动体验

你们中职毕业以后会选择在工业园区上班吗？

反观自我

_____
_____
_____

知识探究

第三大误区：胆小害羞

有的职场新人，由于各种原因，胆小害羞。有的人不敢在大庭广众之下讲话，一讲就会脸红舌硬；有的人在路上碰到熟人和上司因怕羞而故意躲避。

怕羞心理的形成与儿童时期缺乏父母的抚爱或很少与外界环境接触有关。这类人的性格大多内向，气质属于黏液质型、抑郁质型或两种类型的混合型，神经较为脆弱，其中女性多于男性。

在日常生活中过分怕羞有碍于工作、学习和人际交往。这是因为有怕羞心理的人过多地约束和拘谨自己，而难与人建立亲密的关系；因沮丧、焦虑和孤独则导致性格上的软弱和冷漠；因怕羞而怯懦、胆小和意志薄弱。职场中，胆小害羞会阻碍和上司的交往和沟通。

和上司沟通是工作中的重要职责，需要从中了解上司意图，获得支持，把握自己未来的工作方向，在计划上统一步调，达成良好的工作效果。只有处理好与上司的关系，才能正常开展工作。

案例启迪

小芳生活在一个单亲的家庭，母亲没有固定的工作和稳定的收入养家，就在市场做点小生意维持生计。由于母亲整天忙于生意，没有给小芳更多的关爱，小芳从小就在孤独中成长，这养成了小芳不爱说话、胆小害羞的性格。小芳在大学毕业后，终于不负众望地考上了公务员，本以为文书工作是自己的所长，应该得心应手，可是才两个月，她就说害怕上班。她说，自己害怕见到部分领导。虽然，领导既敬业又有才华，但她不知为什么一见他就底气不足，胆小害羞，见到领导就退避三舍。有时，和领导沟通也是能躲则躲。

有一次，因为没听清领导的意思，交给她的工作被耽搁了，事后领导质问她为何不过来再问一声？她小声说：怕您太忙，耽误时间。结果领导很生气，劈头盖脸训了她一通。此后小芳一见到领导就紧张得脸红，说话不利索。

"不知道为什么，我每次看到领导心里就慌，就像老鼠看见猫似的，紧张得话也说不出来。"小芳说。

有好多次，她打好了辞职报告，打算辞职不干了，但想到就业多么艰难，还要维持生活，供养母亲，她终于还是忍住了。为此，小芳非常烦恼。

专家支招：职场中，与上司沟通对职场新人来说是一项需要不断学习和提高的技能，新人要采用上司容易接受的沟通频率、语言风格、态度、情绪等，做到观点清晰、有理有据、易被理解。对于小芳来说，不妨试着以共同合作完成工作的心态来看待领导，同时要认识到，与上司的沟通不能逃避，这是工作中最重要的部分，要渐渐消除惧怕上司的心理。

黑格尔说过："人应尊重自己，并应自视能配得上最高尚的东西。"对于怕羞的人来说，千万不要为自己的短处而紧张，恰恰相反，应经常想到自己的长处，要深信："天生我材必有用。"要培养自信心，相信只要兴致勃勃地干，自己的能力必定能发挥出来。

活动体验

班上准备举办一个晚会，希望每人都表演一个节目，胆小内向的你会上台吗？

反观自我

知识探究

第四大误区：骄傲带刺

自古而言："自信和自负只有一步之遥"，如不能把握这个度，很容易让人轻浮自大。骄傲自大，即过高的估计自己，认为自己比谁都强，只看到自己的长处，看不到自己的短处，拿自己的长处比他人的短处，以自我为中心。一个看不起别人，目中无人的人，在他与外界之间存在着一道无形的"城墙",其大多数时间是生活在自己的世界里,这对个人的发展是极其不利的。

研究表明,那些靠天赋的神童,往往容易夭折。一些潜质很好的人之所以没能如愿在社会领域获得大的成就,正是由于骄傲自满、狂妄自大,骄傲自大会毁掉英才和天才。

案例启迪

晓春是某名牌大学新闻专业的高材生,毕业时进了某国家级刊物当记者,在学校春风得意的她到了单位却并不如意。一起报到的除了她,还有来自其他媒体有经验的年轻人,每个人都认为自己能力强,工作方式和观念存在差异,很难融合。有一次,主编派晓春和另一个同事共同合作一个热点专题,但她觉得这个选题的价值不如自己报的另外一个,于是她一边敷衍同事,一边暗自着手做自己的选题。

结果,同事没法按时交稿,而她自己的稿子也被主编毙掉了。晓春甚至还跑去找主编讨说法,事后还休了两天病假才回来。同事们觉得,她的能力不错,但总是趾高气扬,如今得罪了领导,大家更不买她账。

"我有自己的想法,不喜欢天天被人指挥。难道我想把稿子做得更有可读性有错吗?为什么主编就不能多听听我的建议呢?同事们也不理解我,我真是太郁闷了"晓春抱怨道。

专家支招:"带刺员工"往往具有一技之长,能力超群、精力旺盛,不喜欢他人甚至老板在自己面前指手画脚。但是作为一名职场新人,在入职之初应当适度地学会收敛自己的"刺",锋芒太露不是好事。要记住,在职场中只有做一个"好用的人",你才可能得到上司的青睐。即便是上司的判断不一定正确时,也应该在有效沟通、得到认可的前提下再改变工作目标,否则既拖累同事完不成任务,也会使上司不再信任自己。

我们需要认识到"人外有人""天外有天"。世界上总是会有比自己更优秀的人存在。切不可因为取得一点点成绩就沾沾自喜,盲目自傲。人各有长短,即使是最卑微、最弱小的人,也有其他人所不及的地方,同样,再强大的人也都有他自己的弱点。不可用自己的长处去与他人的短处比较。

人生在世,总是谦虚一些,谨慎一些,多一点自知之明为好。看看那些成绩斐然、为人类社会做出重大贡献的科学家们,看看那些功力深厚、饮誉世界的艺术大师们,他们当中,绝少有人因为自己具有足够资本而狂一狂的。他们倒是非常自知而又非常谦虚的。所以,我们的行动准则,应是戒骄破满,为人不可狂妄,要低调行事,不可狂妄自大。

活动体验

班上有一位同学向你请教一道非常简单的数学题,你会怎样给她讲?

反观自我

知识探究

第五大误区：迟到拖延

迟到和拖延时间是极其有害的恶习。鲁迅先生说过：浪费他人的时间等于谋财害命。很多人在事业上难以取得进步，一个很重要的原因就是无数次的迟到和日复一日的拖延。经常迟到会给别人留下懒散的不良印象，同时也是对同事不尊重的表现。做事拖拉的现象的确无法给人好印象。因为无论是上司还是同事，都会有可能需要你协助或者帮忙，甚至说合作完成一件事情的时候。拖拉的行事作风不仅影响个人效率，还会连累同事陪你加班，很容易就让人反感，使你在职场上不得人心。

案例启迪

刚刚大学毕业的张阳和李明，同时到一家公司做产品工艺设计员，公司为他们开出的薪水都很低。

面对低薪，张阳愤愤不平。于是，他经常埋怨、找借口、推卸责任，还利用工作时间和同事聊天，把工作丢到一旁且毫无顾忌。渐渐地，他做事变得拖沓起来，效率低下。要他星期一早上交的方案，到了星期二早上依然尚未做完。经理批评他，他就带着情绪工作，把方案做得一塌糊涂。后来，张阳在接到工作任务时，不是考虑怎样把工作做好，而是一开始就想如何为自己开脱。

李明则不同。他虽然对低薪也有意见，但并没有一味地去抱怨、闹情绪。他相信，机会来自汗水。一分耕耘，一分收获。只有今天的努力，才能换来明天的收获。他下车间，熟悉制作工艺、学习产品生产流程，即使汗流浃背，也一丝不苟。他的敬业、勤奋、好学，引起了厂长的注意。不久，李明就被提拔为厂长助理。

担任助理后，李明依然积极主动地工作，认真地处理厂里的每一项事务。分内的事、简单的事，他总是第一时间完成；一些重要的、紧急的、需要决策的事，他会及时向厂长汇报，并督促各部门保质保量完成。在李明的组织管理和协调下，公司的生产效率大有提高。

一个拖延，一个高效，使两个大学生的职业境遇截然不同。

专家支招：在职场上打滚，最好做到准时守时，尤其是当约了别人谈工作的事情，一定要按时做到。

无论大事小事，都应该认真对待，不要把今天能完成的事拖延到明天。如果把今天的事拖到明天去做，即使不会造成严重的后果，也会浪费双倍的时间。更不要傻到等领导开口问"你什么时候做完那件事"时，才匆忙上阵，仓促处理未完成的工作。

活动体验

寒冬腊月，听到起床铃声，你会做出什么反应？

反观自我

_____
_____
_____

知识探究

第六大误区：消极偷懒

职场新人最忌讳的就是消极和偷懒。情绪消极的人总得不到老板的喜欢，为什么呢？因为经常说闲话或者发牢骚，散布消极情绪，对团队士气有影响，就很容易成为老板团结队伍的绊脚石，很容易就被辞退。偷懒，更是职场人的通病。但老板也最痛恨，为什么？哪家公司愿意养懒人。现在绝大多数人在上班的时候都会有自己的一台电脑，但是用电脑干工作外的事情，自己以为很聪明。但是，要想人不知除非己莫为。偷懒就会让人觉得反感，尤其是让老板看到你在工作时间，用工作设备，看与工作无关的网页，如社交、购物、游戏等，是职场的忌讳。

案例启迪

小王大学毕业到一家集团公司的办公室当文员。办公室主任有一特长，即文章写得好，很有思想，公司董事长很器重他，董事长的讲话稿和企业的年终总结等一系列重大文章都是出自他的手笔。小王到办公室后，只能是个打杂的，脏活、累活、没名没利的活全归他干了。他入职后，主任变得越来越懒，一些本来该由他亲自去做的工作，也往往推给小王去做。

公司会议常常利用晚上的业余时间，董事长一开会常常忘记时间，一直开到凌晨。而开会需要录音、做记录。这么辛苦，主任就总让小王去。这样一来，小王很多晚上的时间参加会议，第二天还要整理记录，写报道，工作量增加很多。

一次省电视台的记者要采访董事长，董事长时间比较紧，于是安排在星期天的晚上8点钟，董事长让主任陪同。可是主任家离公司较远，骑自行车要40分钟，于是他叫小王去陪同。那天董事长兴致非常好，本来这次采访只谈半小时，但由于董事长与记者们非常谈得来，他们一谈就是两个多小时，后来还一起去喝茶。当一切都结束时已经是凌晨一点了。第二天小王把采访纪要整理好，交给董事长。后来又采写了一篇企业报刊发表的文章，文章标题是"十年归零从头越"——董事长发出第二次创业动员令。董事长认为小王非常敏锐地捕捉到了他的灵感，并且文章的重点突出，主题新颖。董事长非常高兴，顺便问了昨天晚上主任为什么没有来。小王说："他家离得比较远。"董事长接着说："要感谢身边的懒人，要多为自己创造机会！"

从那以后，董事长便常叫小王到办公室去，他有些什么思想、感悟都让小王整理。再后来年终总结报告也让小王写。还给小王的工资翻了一倍。小王渐渐成了公司的红人，也得到了更多、更大的锻炼。

天上掉馅饼，总有它凭空而降的原因。所以，我们要学会感谢别人的懒惰，因为正是他们的懒惰，才使我们拥有了更多做事的机会，为我们搭起了展示才华的舞台与通向成功之路的台阶。

专家支招：职场新人，收拾好心情，放平心态，采取积极向上的态度，做好自己的本职工作。记住千万别消极偷懒，消极偷懒就会被淘汰。

活动体验

学校大扫除班主任不到场监督，你会认真参加吗？

反观自我

知识探究

第七大误区：没有原则

职场很多人信奉交际要"圆滑、玲珑"的论调，他们认为要想人气飙升，就得做一个"好好先生"。没有原则，在团队里是充当和稀泥的人，像墙头草，两边倒，见风使舵；像变色龙，两面光，随波逐流；像不倒翁，两面派，左右逢源。他们的口头禅是"好，好，好""是，是，是"，无论你说什么，都会发出赞同的声音。

"好好先生"作为一种处世哲学，表现为一个"怕"字，怕出纰漏，好不说、坏不说，模棱两可；热衷于一个"混"字，只种花、不栽刺，得过且过；根子是一个"私"字，事不关己、高高挂起，明哲保身。这些表现，显然违背了实事求是的传统美德，有悖于开拓进取的时代精神。变成了"好好先生"，极易作风不端、行为不轨。他们往往优柔寡断，前怕狼后怕虎，忠奸不分，模糊是非界限，以至于不讲政治、不讲原则，不敢触及矛盾，有眼辨不清方向，有腿走不上正路，有手放不下名利。他们常常对下级、对工作少管为妙、不管更好，对上级、对问题不肯说、不敢讲，认为"你好我好大家好"。长此以往，事业怎可能好得了？

案例启迪

阿玉性格温和，认为办公室里最好人人相安无事。来公司半年，她从不过分坚持自己的意见，轻易不反驳他人意见。在同事眼里，她是个老好人，但因为太好说话，她的话也从来引不起他人足够的重视。有时，明明自己的活还没干完，却得帮同事复印材料，自己再加班来做；周末值班，别的同事总会有这样那样的事情忙得抽不开身，唯有阿玉总是那个替别人值班的人。半年下来，阿玉只休过三个双休。

"我不想得罪同事，能帮就帮一下，可是时间一长，他们觉得我这是应该做的。上周我有事值不了班，没想到本该值班的张姐对我意见很大，说我帮别人不帮她，我真的很委屈。"阿玉说。

专家支招：做办公室里的老好人，并不一定大家就喜欢你；实际上，在充满竞争的职场，只有在工作能力得到大家认同时，才能成为真正的强者。提醒自己，什么是你真正想要的，当你知道什么是正确的选择却因为"不想得罪人"而做不到时，妥协将最先伤害到自己。实际上，懂得拒绝的人往往有很好的沟通能力和协调能力，使那些被拒绝的人并不会因此成为他们的敌人。当你总是处于被支配的状态时，不妨花点时间和那些总是支配你的人沟通和协调，排列工作的轻重缓急，这样才能优化你的行为模式。

活动体验

你看到班上有同学偷拿了其他同学的手机，老师找你了解情况，你会怎么做？

反观自我

_____
_____
_____

知识探究

第八大误区：急于表现

一些初涉职场的人，往往会急于显露自己的才能和实力，盼望尽快得到他人的认可和刮目相看，因而表现得锋芒毕露、急于求成。这样做，不仅会给人一种自高自大的印象，更主要的是会使你过早地成为人们的竞争对手，倘若你没有厚积薄发的底牌，一旦到了强弩之末，那只有被人嗤之以鼻，退至场外。

案例启迪

余谦在一家周刊工作，是一个非常有能力的记者。他敏锐的洞察力和良好的口才，以及行云流水般的文笔，常常使他的报道趋于完美。他策划的选题往往是周刊的头条，发表后多半会引起轰动。

鉴于此，周刊一旦有什么重大选题都交给余谦。他也从不推辞，认为能者多劳。起初一两次也没什么，次数多了，同事就不满了，认为余谦太嚣张，好的选题总是自己霸占，从不给别人一个表现的机会。他的做法不为同事所理解，老职工背地里说他太"高调"，处处想表现自己，出风头；新人觉得他想给自己邀功请赏，往上爬；就连领导有时都认为他个人英雄主义，不注意和大家的集体合作。渐渐地，余谦被同事疏远了。但他却不以为然，反而认为一个有能力的人，就应该显得与众不同。

有一天，周刊记者部主任辞职了，需要挑选出一个新的主任。周刊高层决定采用民主选举的方法，让所有员工投票选出自己心目中的主任。余谦当时非常有信心认为主任非他莫属，因为处于同一级别的同事，没有谁比他更有才能了。然而，让余谦想不到的是，没有一个人选他，大多数人把票投给了一个名不见经传的人。

更惨的是，新上任的主任再也没有把周刊的重点选题交给余谦负责，而只让他负责一些鸡毛蒜皮的小事。余谦由失落到失望，最后不得不辞职了。

专家支招：刚入职场，不要急于表现自己，锋芒毕露，做人要尽量低调，尽量诚恳，更加冷静，多一点内敛。比如说，做事之前多请示，多向同事和领导请教；在取得成绩时，把功劳分给更多的人。只有掌握了这些，才能更好地度过和职场的磨合期。

活动体验

进入高一，被选为班长的你非常高兴，从此班上开展活动你都不用征求同学和班主任老师的意见对吗？

反观自我

知识探究

第九大误区：效率低下

职场就是没有硝烟的战场，就业竞争日趋激烈。时间就是职场人的生命，工作效率就是金钱，玩命工作并不能让你战胜竞争对手。许多职场新人，在工作任务多的时候，头脑不清醒，总是无法很好地安排哪样工作比较急，哪个比较缓，就容易造成工作没效率的现象出现。一般工作效率低的员工并不讨老板的喜欢。

案例启迪

阿诺德和布鲁诺同时受雇于一家店铺，拿着同样的薪水。可是一段时间以后，阿诺德青云直上，而布鲁诺却仍在原地踏步。布鲁诺到老板那儿发牢骚。老板一边耐心地听着他的抱怨，一边在心里盘算着怎样向他解释清楚他和阿诺德之间差别。"布鲁诺，"老板说话了，"您去集市一趟，看看今天早上有什么卖的东西。"布鲁诺从集市上回来向老板汇报说，今早集市上只有一个农民拉了一车土豆在卖。"有多少？"老板问。布鲁诺赶快又跑到集市上，然后回来告诉老板说一共有40袋土豆。"价格是多少？"布鲁诺第三次跑到集市上问来了价格。"好吧。"老板对他说，"现在请你坐在椅子上别说话，看看别人怎么说。"然后老板交给了阿诺德同样的工作。

阿诺德很快就从集市上回来了，向老板汇报说，到现在为止，只有一个农民在卖土豆，一共40袋，价格是多少；土豆质量很不错，他带回来一个让老板看看。这个农民一个钟头以后还会运来几箱西红柿，据他看价格非常公道。昨天他们铺子的西红柿卖得很快，库存已经不多了。他想这么便宜的西红柿老板肯定会要进一些的，所以他不仅带回了一个西红柿做样品，而且把那个农民也带来了，农民现在正在外面等回话呢。

此时，老板转向布鲁诺说："现在你知道为什么阿诺德的薪水比你高了吧？"

专家支招：职场新人，工作压力大、任务繁重、业务能力低下。因此，提高工作效率极为重要。注意调节自己的情绪，心情烦躁也是影响工作效果的一个很大的因素；充足的睡眠，有一个规律的作息时间，保证充足的睡眠时间才能精力充沛地去工作；提前进入工作状态，把一切事情都做在前面，提高工作效率；制定一份工作表；加强专业技能的学习。只有这样，才能立于不败之林。

活动体验

写一份你们的作息时间表贴在自己的桌上。

反观自我

知识探究

第十大误区：频繁跳槽

职场上有这样一些人，把跳槽当成了家常便饭，并且理由多多，企业环境不好，人际关系紧张，薪资待遇不满意，没有成长空间，反正只要有一点的不顺心、不如意，就想用跳槽来解决自己的问题。岂不知频繁跳槽是职场人的大忌。频繁跳槽影响人脉，影响职业技能，影响工资收入，影响职业心态，影响个人信誉，影响个人发展前途。圈子越来越小，人脉越来越窄，对自己的工作和生活都会带来影响。

案例启迪

老李在这家制造企业干了10年，一直是生产车间的一个小主任。老员工了，工作清清闲闲，只要按部就班完成任务就行。老李其实早就有想另谋发展的想法，但苦于没有机会离开。正巧，某猎头公司联系到他，说是有家刚起步不久的公司想挖他，职位和工资待遇都比现在的好。这对老李来说无疑是很大的诱惑，老李没想太多，很快就辞了老东家，去了新公司。

可过去了才发觉，工作任务比以前繁重很多，之前承诺过的一些待遇和福利却迟迟没兑现，原先诱惑最大的奖金部分还设置了很多条件，这样一来，当初那些承诺不都是空头支票么？老李一赌气，又连续几次跳槽，但似乎是命运在和他作对，工作环境、工作职位、工资福利，一次比一次更差。

老李觉得，自己简直是哑巴吃黄连，有苦难言！

专家支招：在工作中遇到困难是正常的，但有的职场新人不是从自身寻找原因，积极适应，而是怨天尤人。有的虽然拥有了比较适合自身的工作，但总觉得怀才不遇，很不满足和珍惜现有的工作，频繁跳槽的现象时有发生。有的人刚工作一两年，却已经换了七八个单位。于己于企，这都不是个好现象。

职场人对跳槽要慎重，不管是职场新兵，还是职场老手，不管普通职员，还是企业高管，经常跳槽都是不可取的。要耐得住性子，扛得住寂寞，经得住打击，容得下同事，卧薪尝胆，提升自己，在具备丰富经验和能力积淀后，再去考虑跳槽的问题。

活动体验

预设一个适合自己的工作岗位，将岗位名称贴在自己的桌子上，根据该岗位的要求努力提升个人能力。

反观自我

第四节 职场交际介绍

知识探究

第一，学会结交不同层次的人。一个想要成功的人，一定要学会结交不同层次的人，这样你才能够做大事。不带着目的去交往，反而会有意想不到的收获。

第二，做自己的贵人。你要找到贵人很重要，但是同时你要做好自己的贵人，比如你做事麻利一点，周围的人因此喜欢你，你就是自己的贵人了。

第三，建立共同的联系。交往最好的方法是尽快找到你们之间的共同联系，这个共同联系可以是一个人，可以是一个地方，也可以是某种共同的爱好，甚至是某本书。

第四，与平等的人一起成长。只有地位平等、人格独立的两个人一起成长，两人关系才会变得更好。

第五，聆听他人的声音。如果你虚心地去聆听他人的声音，每一个陌生人都可能带给你一些值得学习的东西。

第六，发现别人身上的闪光点。其实我们每个人身上都有优点，你越夸对方，对方就做得越好，甚至把他原来的缺点都掩盖住了。

第七，不要说谎。不说谎话，是因为谎话难免会有被拆穿的那一天，无意之间找来的借口，说不定什么时候就露了馅。

第八，求人帮忙的态度。①不要老想着去找别人帮忙；②即使找别人帮忙，你应该知道人家帮你是人情，不帮是本分；③你要明确告诉对方让人家帮你什么。

第九，懂得感恩。如果说有人想找一个比他能力高很多的人，帮忙做一件他自己无法解决的事情，但是他自己不知道有什么好的方法可以找到这样的人，那么他就应该认清自己的实力不够，不要期望别人可以帮你做到。如果别人真的帮你做到了，那是恩惠，要铭记在心,如果人家不帮你,也是理所当然。帮你是情分,不帮你是本分。

活动体验

请大家说出同桌的三个优点。

反观自我

知识探究

职场交际技巧

  天下没有免费的午餐,良好的职场人际关系也要靠自己用心经营。职场人际交往如何提升不妨注意以下三点:

  第一,学会赞美对方。人们希望被赞美,被认可,被认同,所以更倾向于喜欢赞美他们的人。当你觉得对方很美的时候,不要吝啬你的赞美,不要默默地在心里欣赏,你可以大声地说出来。赞美是要从心里传达出真诚的,是需要内心尊重对方的。有句话道"良言一句三冬暖",一句真诚的赞美能够给自己和他人好心情,拉近彼此之间的距离,是促进和谐人际关系的润滑剂。

  第二,注意说话的语气和态度、用词的把控。恰到好处的沟通,可能让糟糕的事情有柳暗花明、峰回路转的余地。把控好说话的语气、用词和分寸,对于沟通来说是非常重要的。如果一个人总是以尖锐的声音、厌恶不耐烦的语气来说话,就会产生攻击性,那可能会引发一场不必要的争吵。不良的沟通可能会使你与成功失之交臂,想好说好话就需要根据不同的常客、对象、环境等来调整说话的语气、用词,不卑不亢、态度委婉。要知道你如何说话决定着听话的人对你是什么态度。

  第三,给人面子更有利于交际。俗话说:"人要脸,树要皮。"给人留面子,也是给自己留有余地。人都要面子,这是人受人尊重和得到认可的一种需求,也是人在发展的过程中一种需求。诚信,是人际交往的基础,给人面子,才会有礼尚往来。"面子"是我们人际交往当中的潜规则,多称赞、鼓励,少批评,注意自己说话的温度和态度,给别人留面子也是给自己机会。要是每次都很不给他人面子,那么你累积的敌人就会越来越多,也就不利于营造良好的人际关系。

活动体验

你的竞争对手这次技能大赛胜过了你,你会对他说什么?

反观自我

知识探究

职场人际沟通

找到相同点，切入共同话题。我们初到一个公司，想要融入新环境，就需要多和身边的同事多多交流。打破沉默可以通过察言观色、发现共同点，以话进行试探来展开交谈。相同点是谈话的突破口，可以根据谈话时注意分析对方，揣摩对方，在交谈中延伸出新的共同话题，才不会导致谈话"卡壳"。在办公室，有着相同兴趣、共同爱好的人能够更容易走在一起，所谓"趣味相投"，可以增进工作友谊。

得意之时要低调。无论职场得意还是失意，过分的招摇会招来不必要的事端。比如说当自己受到提升或是表扬的情况下，上司还没有公布就自己私下招摇发布，传开之后会引起其他同事的议论、甚至是嫉妒、眼红等，把好事变成麻烦事。失意的时候也不要在公开场合顶撞上司，或总是跟别人议论上司的事，与同事起争执要低调处理，注重于解决方法而不是持续的争吵。在长时间的工作中，同事之间可能为工作问题、生活中的一些小矛盾而产生摩擦，这些都是很正常的，但需要注意沟通方法，以免矛盾扩大和激化。过于执着、得理不饶人或是盛气凌人的样子都会让同事对你敬而远之的，容易树敌。当出现问题的时候，应该试图理解对方，从对方的角度来看待问题，互相协商有没有什么解决办法，互相指责只会产生无益的争吵，不能解决根本问题。

活动体验

初入职场的你被单位派去参加一个合作企业的聚会，你会去吗？去了你会怎么做呢？

反观自我

知识探究

学会交流沟通

学会沟通是现代职场人必备技能，不论上下级之间，或是同事之间，都少不了沟通。以下是职场沟通技巧总结，希望对你有帮助。

一、应善于运用礼貌语言

礼貌是对他人尊重的情感的外露,是谈话双方心心相印的导线。人们对礼貌的感知十分敏锐。有位优秀的售票员,每次出车总是"请"字当先,"谢"字结尾。如:"请哪位同志让个座,照顾一下这位抱婴儿的女同志。"有人让座后,他便立即向让座者说:"谢谢。"再如:"请出示月票:"在乘客出示月票后说:"谢谢,请您把月票收好。"这样,整个车厢的乘客都感到温暖,气氛和谐,在他的感染下,无人吵架、抢座。

二、请不要忘记谈话目的

谈话的目的不外乎有以下几点:劝告对方改正某种缺点;向对方请教某个问题;要求对方完成某项任务;了解对方对工作的意见;熟悉对方的心理特点等等。为此,应防止离开谈话目的东拉西扯。

三、要耐心地倾听谈话,并表示出兴趣

谈话时,应善于运用自己的姿态、表情、插语和感叹词,如微微的一笑,赞同的点头等,都会使谈话更加融洽。切忌左顾右盼、心不在焉,或不时地看手表,伸懒腰等厌烦的表示。

四、应善于理解对方的感受

如果谈话的对方,为某事特别忧愁、烦恼时,就应该首先以体谅的心情说:"我理解你的心情,要是我,我也会这样。"这样,就会使对方感到你对他的感情是尊重的,才能形成一种同情和信任的气氛,从而,你的劝告也容易奏效。

五、应善于使自己等同于对方

人类具有相信"自己人"的倾向,一个有经验的谈话者,总是使自己的声调、音量、节奏与对方相称,就连坐的姿势也尽力给对方在心理上有相容之感。比如,并排坐着比相对而坐在心理上更具有共同感。直挺着腰坐着,要比斜着身子坐着显得对别人尊重。

六、应善于观察对方的气质和性格

如若与"胆汁质"类型的人交谈,会发现对方情绪强烈,内心活动显之于外;与"黏液质"类型的人谈话,会发现对方持重寡言,情感深沉;与平素大大咧咧的人谈话,会发现对方不在乎,漫不经心。针对不同气质和性格,应采取不同的谈话方式。

七、应善于观察对方的眼睛

在非语言的交流行为中,眼睛起着重要作用,眼睛是心灵的窗户,眼睛最能表达思想感情,反映人们的心理变化。高兴时,眼睛炯炯有神;悲伤时,目光呆滞;注意时,目不转睛;吃惊时,目瞪口呆;男女相爱,目送秋波;强人作恶,目露凶光。人的面部表情固然可以皮笑肉不笑,但只要仔细观察,便会发现,眼睛不会"笑起来"。也就是说,人的眼睛很难作假,人的一切心理活动都会通过眼睛表露出来。为此,谈话者可以通过眼睛的

细微变化，来了解和掌握人的心理状态和变化。如果谈话对方用眼睛注视着你，一般地说是对你重视、关注的表示；如果看都不看你一眼，则表示一种轻蔑；如果斜视，则表示一种不友好的感情；如果怒目而视，则表示一种仇视心理；如果是说了谎话而心虚的人，则往往避开你的目光。

八、应力戒先入为主

要善于克服社会知觉中的最初效应。而这最初效应就是大家熟知的"先入为主"。有的人就具有特意造成良好的初次印象为能力，而把自己本来的面目掩饰起来。为此，在谈话中应持客观的、批判的态度，而不应单凭印象出发。

九、要切忌得理训人

几个小青年上车不买票，油腔滑调地说："我们是待业青年，没有工资，买什么票？"优秀售票员姜玉琴就对他们说"乘车买票五分、一角是小事情，可是名誉搞坏了，你出多少钞票也买不回来……"这番话，使得几个小青年面红耳赤，终于补了票。试想，若是来一番针锋相对的争吵，或冷嘲热讽，情况会怎样呢？

十、要消除对方的迎合心理

在谈话过程中，双方由于某种动机，会表现出言不由衷、见风转舵或半吞半吐，顾虑重重。为此，要尽可能让对方在谈话过程中了解自己的态度：自己所感兴趣的是真实情况，而对迎合、奉承的话是很厌恶的，这样才会从谈话中获取比较真实、可靠的信息。

十一、对诽谤性的谈话应善于回敬

据说，苏联首任外交部长莫洛托夫出身于贵族。一次，在联合国大会上，英国工党的一名外交官向他挑衅说："你是贵族出身，我家祖辈是矿工，我俩究竟谁能代表工人阶级？"莫洛托夫不慌不忙地说："对的，我们俩都背叛了自己的家庭！"这位苏联外长，并没有长篇大论地进行驳斥，只是用了一句话，多么雄辩的口才，多么绝妙的回敬。

十二、要善于选择谈话机会

一个人在自己熟悉的环境中比在陌生的环境中的谈话更有说服力；为此，他可以在业余时间内利用"居家优势"，也可以在别人无戒备的自然的心理状态下讲话，哪怕是只言片语，也可能获得意想不到的收获。

十三、交谈注意事项

不要使用易懂的词、已废弃的词句或专业词汇。这些词汇不会给别人留下好的印象，只会使别人感到讨厌。

不要做些令人讨厌的举动。如在谈话时从不看着对方眼睛，而是看对方身后或对方周围是否还有其他更重要的，更值得与其交谈的人物，或是盯着对方的服饰漫不经心地说话。

不要用比你年轻得多的人常用的语言，不要夹杂着外语。一个话题不要谈得太久，话题像房间一样，需要经常通风。

不要刚走到某人面前就戏弄他,"我敢打赌,你忘了我叫什么名字了。"

还要在交谈中善于觉察,如果对方急促不安,也许另外有事,只是出于礼貌没打断你的话,那么就应立即停止自己的话。

活动体验

上周末你和妈妈吵了一架,这周会去找妈妈谈谈,你会怎么做?

反观自我

第五节 职场礼仪介绍

知识探究

什么叫职场礼仪?职场礼仪,是指人们在职业场所中应当遵循的一系列礼仪规范。学会这些礼仪规范,将使一个人的职业形象大为提高。职业形象包括内在的和外在的两种主要因素,而每一个职场人都需要树立塑造并维护自我职业形象的意识。在竞争激烈的职业趋势下,准确把握住职场礼仪技巧已经成为求职者和在职者必备的职业素养和基本条件。

礼仪是现代竞争的附加值,礼仪是人际关系的润滑剂。人无礼则不生,事无礼则不成,国家无礼则不宁。罗伯特·庞德曾说过,"7秒钟就决定了第一印象,永远没有第二次机会给对方留下第一印象。"礼仪通常是指人们在社会交往中普遍认可并遵守的行为规范或准则。一个有礼貌的人,走到哪里都会大受欢迎。只要我们能够掌握并熟练运用社交礼仪,我们也必然会成为受大家欢迎的人。礼仪更多地表现为一个人待人接物是否有礼节等方面。礼的本质是"敬",含有关心、友好、敬重、谦恭、体贴之意。具体表现为礼貌、礼节、礼仪等。

职场礼仪的基本点非常简单。首先,要弄清职场礼仪与社交礼仪的差别。职场礼仪没有性别之分。比如,为女士开门这样的"绅士风度"在工作场合是不必要的,这样做甚至有可能冒犯了对方。请记住:工作场所,男女平等。将体谅和尊重别人当作自己的指导原则。尽管这是显而易见的,但在工作场所却常常被忽视了。进行介绍的正确做法是将级别低的人介绍给级别高的人。例如,如果你的首席执行官是琼斯女士,而你要将一位名叫简·史密斯的行政助理介绍给她,正确的方法是"琼士女士,我想介绍您认识简·史密斯。"如果你在进行介绍时忘记了别人的名字,不要惊慌失措。你可以这样继续进行介绍:"对不起,我一下想不起您的名字了。"与进行弥补性的介绍相比,不进行介绍是更大的失礼。了解、掌握并恰当地应用职场礼仪有助于完善和维护职场人的职业形象,会使你在工作中左右逢源,使你的事业蒸蒸日上,做一个成功职业人。成功的职业生涯并不意味着你要才华横溢，更重要的是在工作中你要有一定的职场技巧，用一种恰当合理方式与人沟通和交流，这样你才能在职场中赢得别人的尊重，才能在职场中获胜。

知识探究

不学礼，无以立

"做人先学礼"，礼仪教育是人生的第一课。礼仪必须通过学习、培养和训练，才能成为人们的行为习惯。每一位社会成员都有义务和责任，通过学习礼仪、传承礼仪，自然而然地成为这个民族和团体的一员。个人文明礼仪一旦养成，必然会在社会生活中发挥重要的作用。

礼仪是指在人际交往中，自始至终地以一定的、约定俗成的程序、方式来表现的律己、敬人的完整行为。平时我们接触一个人，给我们直接而敏感的第一印象的，就是他的个人礼仪。讲究个人礼仪是社会成员之间相互尊重、彼此友好的表示。个人礼仪也是一个人的道德修养在社会活动中的体现。

案例启迪

古时候有一个人，他从洛阳到杭州。因为迷失方向，就向路旁的一位老者问路，他开口直呼："老头儿，到杭州怎么走？还有多少里？"老者见这人无礼，心中不悦，顺口答道："到杭州走中间那条路，里程大约七八千丈。"这人感到很奇怪，大惑不解地问："老头儿，你们这里真奇怪，路程讲'丈'而不讲'里'？"老人冷冷地回答："我们这地方一向讲礼（里），因为来了一个不讲礼（里）的人之后，就再也不讲礼（里）了。"这人听了之后，十分羞愧，无言以对。

活动体验

高一时的你们来到我校找班主任老师报到，但不知道班主任在何处，想找人问问。这时你看到旁边一位清洁工正在清扫树叶，你想找他询问。请你们讨论有几种问路方式，比较一下哪一种更能快捷地问到路。请大家踊跃上来表演你们问路的情景。

反观自我

_____
_____
_____

知识探究

职场礼仪基本常识

职场上礼仪、礼节、礼貌内容丰富多样，但它有自身的规律性，其基本的礼仪原则与常识我们需要知道。

一、服饰礼仪常识

也许在你就职的公司不要求每天穿着正装,但是你必须准备好几套合身的正装和礼服,以备不时之需。除非你是在创意满满的时尚公司就职,最好不要穿得太出格,身上的配饰不要超过3种,而且不要过于夸张。此外,最需要注意的是你的丝袜,如果丝袜破了一个大洞,你一定会尴尬地想找个地缝钻进去,因此,抽屉或包包中准备一双备用丝袜是必须的!

二、会面礼仪常识

第一次与人见面,一定要记得做自我介绍,双方的陌生感不利于进一步的沟通。简单的几句话,介绍自己的姓名、就职的公司和职位即可。如果身边还有其他人,作为中间人,记得先介绍自己,然后按照年龄或位尊介绍,比如先介绍长者或者高职位的人,先介绍女性以示尊重。

三、沟通礼仪常识

相互沟通时存在二八原则,因此沟通的要点是耐心、诚恳、放慢语速。即便在讨论时,也要先耐心听完对方的建议;不同观点和看法要在对方停止说话后再表达;肢体动作也要十分注意,不要用手指指着对方,更不要倾斜身体或抖动。如果你不太同意他的观点,也要先赞美一下,直接地反对会让对方非常尴尬。不同的工作性质,会有不同类型的沟通方式,初入职场,多听少说,先学会适应这个环境,再适当表达个性。

四、就餐礼仪常识

在享受职场美餐的时候,可不能像家庭聚会那样随意。记住不要口含食物说话,更不要挥舞餐具,指向他人。如果手机刚好响起,先判断一下此时自己适不适合离场,然后轻声对旁边的人示意,再安静地走开。此外,如果是来自同事或客户的宴请,记得第二天打电话或发短信致谢。

五、表情礼仪常识

微笑时,需要眼神的呼应,如果你的笑容只有机械性的嘴角上翘,那么对方很难感到真诚,甚至是会反感。微笑配合一个真诚的对视眼神,会让对方感觉很舒服。此外,面对面说话时,注意保持目光平视,仰头看人和斜眼看人都是很无礼的表现。

六、办公谈话礼仪常识

谈话是人们交流感情,增进了解的主要手段。在人际交往中,一般人都讲究"听其言,观其行",把谈话作为考察人品的一个重要标准。因此在社交活动中,谈话中说的一方和听的一方都理应好自为之。

(一) 尊重他人

谈话是一门艺术，谈话者的态度和语气极为重要。有人谈起话来滔滔不绝，容不得其他人插嘴，把别人都当成了自己的学生；有人为显示自己的伶牙俐齿，总是喜欢用夸张的语气来谈话，甚至不惜危言耸听；有人以自己为中心，完全不顾他人的喜怒哀乐，一天到晚谈的只有自己。这些人给人的只是傲慢、放肆、自私的印象，因为不懂得尊重别人。

(二) 谈吐文明

谈话中一些细小的地方，也应当体现对他人的尊重。谈话中使用外语和方言，需要顾及谈话的对象以及在场的其他人。假如有人听不懂，那就最好别用。不然就会使他人感到是故意卖弄学问或有意不让他听懂。与许多人一起谈话，不要突然对其中的某一个人窃窃私语，凑到耳边小声说话更不允许。如果确有必要提醒他注意脸上的饭粒或松开的裤扣，那就应该请他到一边去谈。

当谈话者超过三人时，应不时同其他所有的人都谈上几句话。不要搞"酒逢知己千杯少，话不投机半句多"而冷落了某个人。尤其需要注意的是，同女士们谈话要礼貌而谨慎，不要在许多人交谈时，同其中的某位女士一见如故，谈个不休。

(三) 温文尔雅

有人谈话得理不让人，天生喜欢抬杠；有人则专好打破砂锅问到底，没有什么是不敢谈、不敢问的。这样做都是失礼的。在谈话时要温文尔雅，不要恶语伤人，讽刺谩骂，高声辩论，纠缠不休。在这种情况下即使占了上风，也是得不偿失的。

(四) 话题适宜

谈话时要注意自己的气量。当选择的话题过于复杂，或不被众人感兴趣，或对自己的宠物阿猫、阿狗介绍得过多了的时候，听者如面露厌倦之意，应立即止住，而不宜我行我素，当有人出面反驳自己时，不要恼羞成怒，而应心平气和地与之讨论。发现对方有意寻衅滋事时，则可对之不予理睬。

不论生人熟人，如一起相聚，都要尽可能谈上几句话。遇到有人想同自己谈话，可主动与之交谈。如谈话中一度冷场，应设法使谈话继续下去。在谈话过程中因故急需退场，应向在场者说明原因，并致歉意，不要一走了之。

谈话中的目光与体态是颇有门道的。谈话时目光应保持平视，仰视显得谦卑，俯视显得傲慢，均应当避免。谈话中应用眼睛轻松柔和地注视对方的眼睛，但不要眼睛瞪得老大，或直愣愣地盯住别人不放。

以适当的动作加重谈话的语气是必要的，但某些不尊重别人的举动不应当出现。例如揉眼睛，伸懒腰，挖耳朵，摆弄手指，活动手腕，用手指向他人的鼻尖，双手插在衣袋里，看手表，玩弄纽扣，抱着膝盖摇晃等。这些举动都会使人感到心不在焉，傲慢无礼。

(五) 善于聆听

谈话中不可能总处在"说"的位置上，只有善于聆听，才能真正做到有效的双向交流。听别人谈话要全神贯注，不可东张西望，或显出不耐烦的表情。应当表现出对他人谈话内容的兴趣，而不必介意其他无关大局的地方，例如对方浓重的乡音或读错的某字。

听别人谈话就要让别人把话讲完，不要在别人讲得正起劲的时候，突然去打断。假如打算对别人的谈话加以补充或发表意见，也要等到最后。有人在别人刚刚一张嘴的时候，就喜欢抢白和挑剔对方。人家说明天可能下雨，他偏说那也未必，人家谈起《红高粱》确实是部出色的影片，他却说这部影片糟糕透了等，都是太浅薄的表现。

在聆听中积极反馈是必要的，适时地点头、微笑或简单重复一下对方谈话的要点，是令双方都感到愉快的事情，适当的赞美也是需要的。

参加他人正在进行的谈话，应征得同意，不要悄悄地凑上前去旁听。有事要找正在谈话的人，也应立于一旁，当他谈完之后再去找他。若在场之人欢迎自己参加谈话，则不必推辞。在谈话中不应当做永远的听众，一言不发与自吹自擂都同样是走极端，同样会令众人扫兴。

（六）以礼待人

谈话不必刻意追求"语不惊人死不休"的轰动效应，以礼待人，善解人意才是最重要的。一个人在谈话中，如果对待上级或下级、长辈或晚辈、女士或男士、外国人或中国人，都能够一视同仁，给予同样的尊重，才是一个最有教养的人。

活动体验

同学们相互看看大家的服饰发型，你们认为大家的打扮真的很美吗？

反观自我

知识探究

交往礼仪重在亲和

交往礼仪的核心是尊重和友好。从个人角度看，交往礼仪是一个人文化修养和优良品德的外在表现；从社会角度看，交往礼仪反映社会风貌和公民文明程度。交往礼仪具有重要的亲和作用，遵守交往礼仪的基本要求，可以拉近与交往对象的距离，取得对方的理解，有利于沟通，营造和谐的人际关系。

案例启迪

1913年，19岁的梅兰芳首次去上海丹桂第一舞台演出一举成名。在此期间，他结识了一些知名画家，其中包括齐白石。有一次，梅兰芳应邀到一户人家做客，这天所到宾客多是达官显贵，衣饰锦绣，光彩耀人，只有齐白石布衣粗履，显得十分寒酸，在客厅坐下后被冷落一旁。不一会儿，主人满面喜色领着梅兰芳走进客厅，满座宾客见了都一下子站起来欢迎，争先恐后地与之握手。梅兰芳突然瞥见齐白石孤单单地坐在一旁，立即挤出人群向齐白石走去，恭恭敬敬地叫了一声："老师!"然后便同他亲切地交谈起来。这场景使在座者大为惊讶。齐白石深为感动，事后特地画了一幅《雪中送炭》赠与梅兰芳。

活动体验

诸葛亮忠告孩子太过急躁就不能够陶冶性情。心理学家说："思想影响行为，行为影响习惯，习惯影响性格，性格影响命运"。诸葛亮明白生命中要做出种种平衡，要"励精"，也要"冶性"。你要提升自己性格的品质吗？如何提升？大家积极讨论，并请代表展示你们的讨论结果。

反观自我

_____

_____

_____

知识探究

职业礼仪基本要求

职场礼仪的基本要求是：爱岗敬业、尽职尽责，诚实守信，优质服务，仪容端庄、语言文明。职业是人们在社会上谋生、立足的一种手段。讲究礼仪可以帮助人们实现理想、走向成功，可以促进全体员工团结互助、敬业爱岗、诚实守信，可以增强人们的交往和竞争实力，从而推动各项事业的发展。了解、掌握并恰当地应用职场礼仪有助于完善和维护职场人的职业形象，在工作中左右逢源，使事业蒸蒸日上，做一个成功职业人。

成功的职业生涯并不意味着要才华横溢，更重要的是在工作中要有一定的职场技巧，用一种恰当合理方式与人沟通和交流，这样才能在职场中赢得别人的尊重，才能在职场中获胜。

案例启迪

有一个推销员，常挨家挨户地推销产品，而把脚都走破了。一次这个推销员在拜访一客户约30次后，客户却在最后关头想转向别人购买。这推销员百思不解，也很失望；但他仍不放弃，决定拜访该客户的总经理。他带着"有望客户表"，其中记满30次拜访的谈话记录，诚恳地请求总经理告诉他"失败的原因"，以便改进。那位总经理看了密密麻麻的"客户卡纪录"之后，抬起头，看着这个推销员，感动地说："我佩服你的精神，现在，我决定买你的产品！"

分析：成功的原因不在力量大小，而在坚持多久。把握任何上台的机会，坚持到最后一分钟，让它始终完美。

活动体验

诸葛亮忠告孩子时光飞逝，当自己变得和世界脱节，才悲叹蹉跎岁月，也于事无补。要懂得居安思危，才能够临危不乱。想象力比知识更有力量。你有没有从大处着想，小处着手，脚踏实地，规划人生呢？请大家谈谈自己的规划。

反观自我

知识探究

职场礼仪的重要性

职场礼仪是个人和企业的敲门砖。轻轻的关上门，端正的坐姿，大方自然的解答，都会展现你很好的一面，使你赢得公司的面试。如果一个面试的人有工作能力，但却不懂职场礼仪，那么就算他进入了公司，他也不一定会坐稳位置，因为在工作中还需要许多的职场礼仪去调节上下级、同事之间的关系，在与客户交流协商时，都需要懂得职场礼仪，所以不懂职场礼仪，将成为工作中的绊脚石，也许别人地工作能力没有他强，但是其他同事懂得职场礼仪，指导怎样与领导搞好关系，怎样与同事之间和谐相处，那么别人自然比他爬得高，比他爬得快。由此可见，职场礼仪是工作中要学的重要知识，只有掌握它、应用它，你才能更好地工作。

职场礼仪不仅可以有效地展现一个人的教养、风度、气质和魅力，还能体现一个人对社会的认知水平、个人的学识、修养和价值。通过职场礼仪在复杂的人际关系中保持冷静，按照礼仪的规范来约束自己，通过职场礼仪中的一些细节，会得到领导更多的信任，使同事间感情得以沟通，与同事间建立起相互尊重、相互信任、友好合作的关系，从而使自己的事业进一步发展，在职场中如鱼得水。

职场礼仪不仅体现个人的形象，它还体现在企业形象上，一个企业重视员工的职业礼仪，那么就会使企业体现出不一样的素质水平和企业管理理念。在今天世界交流日益频繁，不仅服务行业重视职场礼仪和企业形象，许多企业都重视职场礼仪的培养，对于一些工业企业，提高产品质量已不能增强企业的竞争能力，所以提升服务和形象的竞争已经成为现代竞争更重要的筹码。

职场礼仪是提高个人素质和单位形象的必要条件，是人立身处世的根本，是人际关系的润滑剂，是现代竞争的附加值。

反观自我

知识探究

礼仪修养重在养成

第一，自觉接受和学习礼仪教育，从思想上提高礼仪修养水平，在人际交往中，礼仪不仅反映着一个人的交际技巧和能力，更反映着一个人的气质、风度和教养。

第二，通过学习礼仪，可以提高自身的道德修养和文明程度，更好地显示自身的优雅风度和良好形象。一个彬彬有礼、言谈有致的人，他的人生道路上将是春风拂面，受到人们的尊重和赞扬，而且他自己就是一片春光，给别人、给社会带来温暖和欢乐。通过礼仪教育和培训，可以分清是非，明辨美丑，懂得常识，树立标准，这使人们礼仪行为的形成有了外因条件，为进一步的自我修养的内因创造了条件。通过这一重要条件，促使大学生经过努力，不断磨炼，养成并产生强烈的自我修养的愿望，最后达到处处讲究礼仪的目的。古人强调"吾日三省吾身"说明提高个人修养必须注意反躬自省。

第三，通过书籍、网络等途径广泛阅读艺术作品和科学文化知识，使自己博闻多识。加强文化艺术方面的修养，对提高礼仪素质大有好处。而文化艺术修养的提高可以大大丰富礼仪修养的内涵，提升礼仪品位，并使礼仪水平不断提高。一般来说，讲文明、懂礼貌、有教养的人大多是科学文化知识丰富的人。这种人逻辑思维能力强，考虑问题周密，分析事物较为透彻，处理事件较为得当，在人际交往时能显示出独有的魅力而不显得呆板。

第四，积极参加社交实践活动，逐步提高礼仪修养。

案例启迪

周恩来总理居住在中南海西花厅，过着俭朴的生活。这从他居住的房屋及院落都可以看得出来。自他住进来以后，不许装修与翻新房屋及庭院。

20世纪60年代初，周恩来身边工作人员乘总理出国访问的机会，为了保护与加固建筑物，抢时间只搞了点简单的内装修，更换了窗帘、洗脸池与浴缸。周恩来回国见了十分生气，将他们狠狠地批评了一顿。事后，他语重心长地对身边人员说："我身为总理，带一个好头，影响一大片；带一个坏头，也影响一大片。所以，我必须严格要求自己……你们花那么多钱，把我的房子搞得那么好，群众怎么看？一旦大家都学着修起房子来，在群众中会造成什么样的影响？"周恩来的这一番话发人深省。自此以后，再也没有人敢提及装修房屋之事了。

邓颖超在悼念周恩来的文中说："解放初期你偶然看到这个海棠花盛开的院落，就爱上了海棠花，也就爱上了这个院落，选定这个院落，到这个盛开着海棠花的院落来居住，整整居住了26年，这里始终保持着庄严、幽静、美丽与朴素的开国总理风格。"

正如陈毅元帅所说："廉洁奉公，以正治国者周恩来也。"

活动体验

诸葛亮忠告孩子凡事拖延就不能够快速地掌握要点。计算机时代是速度的时代，样样事情讲求效率，想不到1800多年前的智能，也一样不谋而合。快人一步，不但理想达到，你有否想过，有更多时间去修正及改善？

反观自我

知识探究

自觉遵守职业礼仪

几千年的人类文明史证明，人们对文雅的仪风和悦人的仪态一直孜孜以求。而今，随着现代社会人际交往的日渐频繁，人们对个人的礼仪更是倍加关注。从表面看，个人礼仪仅仅涉及个人穿着打扮、举手投足之类无关宏旨的小节小事，但小节之处显精神，举止言谈见文化。个人礼仪，作为一种社会文化，不仅事及个人，而且事关全局。若置个人礼仪规范于不顾，自以为是，我行我素，必然授人以笔柄，小到影响个人的自身形象，大到足以影响社会组织乃至国家和民族的整体形象。强调个人礼仪，倡导现代文明，旨在提高个人礼貌素养。强化公民的文明观念。职场礼仪它是人们在职业场所中应当遵照的一系列礼仪标准。学会这些礼仪标准，将使一个人的职业形象有效提升。在我们日常工作中，礼仪能够调节人际关系，从一定意义上说，礼仪是人际关系和谐发展的调节器，人们在交往时按礼仪规范去做，有助于加强人们之间互相尊重，建立友好合作的关系，缓和和避免不必要的矛盾和冲突。一般来说，人们受到尊重、礼遇、赞同和帮助就会产生吸引心理，形成友谊关系，反之会产生敌对、抵触、反感，甚至憎恶的心理。"不学礼，无不立"已成为人们的共识。

讲究职业礼仪，有助于个人求职成功。职业礼仪是职业人员自我推销的工具，是职业人员进入社会从事活动的"通行证"。讲究职业礼仪是塑造和维护良好组织形象的需要。讲究职业礼仪，能有效地提升个人素质，塑造良好的个人职业形象，有利于人际沟通与交流，有利于工作的开展和效益的提高。

案例启迪

一次某公司招聘文秘人员，由于待遇优厚，应者如云。中文系毕业的小李同学前往面试，她的背景材料可能是最棒的：大学四年中，在各类刊物上发表了3万字的作品，内容有小说、诗歌、散文、评论、政论等，还为6家公司策划过周年庆典，一口英语表达也极为流利，书法也堪称佳作。小李五官端正，身材高挑、匀称。面试时，招聘者拿着她的材料等她进来。小李穿着迷你裙，上身是露脐装，涂着鲜红的唇膏，轻盈地走到一位考官面前,不请自坐,随后跷起了二郎腿,笑眯眯地等着问话,孰料,三位招聘者互相交换了一下眼色,主考官说:"李小姐,请下去等通知吧。"她喜形于色:"好!"挎起小包飞跑出门。小李的结果可想而知。

知识拓展

诸葛亮忠告孩子要增值先要立志,不愿意努力学习,就不能够增加自己的才干。但学习的过程中,决心和毅力非常重要,因为缺乏了意志力,就会半途而废。你有否想过,一鼓作气人多,坚持到底人少的道理?

活动体验

了解各行业的职业礼仪,根据自己喜欢的职业岗位所对应的礼仪,规范自己的行为举止。

反观自我

_____
_____
_____

知识探究

自觉践行礼仪规范

第一,从小事做起,注意细节。
第二,平等相待,尊重他人。
第三,顾全大局,求得和谐。
第四,增强意志力,提高自控力,逐步克服自身的不良习惯。

案例启迪

特殊的招聘

有一个商场招聘收银员,经过筛选有三位女士参加复试。复试由老板主持,当第一位女士走进老板的办公室时,老板拿出一张100元的钞票,要这位女士到楼下去给他买一包香烟。这位女士觉得自己还没有被正式录用,就被老板无端指使,将来的工作一定会有很多麻烦事,于是干脆地拒绝了老板的要求,气冲冲地离开了老板的办公室。第二位女士走进办公室后,老板也拿出了一张100元的钞票,要她去买一包香烟。这位女士很想给老板留下好印象,于是爽快地答应了。可是,当她到楼下买香烟时,却被告知这张100元的钞票是假的,没办法,她只好用自己的100元买了香烟,又把找来的零钱全部交了老板,对假钞的事只字未提。第三位女士也同样被要求去买香烟。当她接过老板递过来的100元钞票时并没有转身就走，而是仔细地看了看钞票，马上就发现这张钞票不大对劲儿，于是很客气地要求老板另外再给她一张钞票。老板微笑着拿回了那张100元钞票。第三位女士被录用了。

分析：如果我们想在事业上获得快乐，就不能去做让自己痛苦的事——只有像第三位女士那样才好。在进入工作状态之前就看棋三步，通常有智慧的老板都欣赏这样的员工。

知识拓展

诸葛亮忠告孩子时光飞逝，意志力又会随着时间消磨，"少壮不努力，老大徒伤悲"，"时间管理"是个现代人的观念，细心想一想，时间不可以被管理，每天二十四小时，不多也不少，唯有管理自己，善用每分每秒。请你想一想，你有蹉跎岁月吗？

知识探究

从身边小事做起

一个人的良好形象，是通过文明的言行体现出来的；文明的言行也折射出一个人良好的道德品质。我们要养成讲文明、有礼仪的好习惯。首先要做文明礼仪知识的学习者，拓宽视野，陶冶情操，净化心灵，养成文明礼仪的好习惯；其次要做文明礼仪知识的传播者，让文明礼仪进班级、进宿舍、进家庭、进社区，努力营造文明礼仪氛围；最后要做文明礼仪会动的实践者，从现在做起，从身边小事做起，提高文明礼仪修养。

案例启迪

美国有个"福特公司"，福特是一个人，他大学毕业后，去一家汽车公司应聘。和他同应聘的三四个人都比他学历高，当前面几个人面试之后，他觉得自己没有什么希望了。但既来之，则安之。他敲门走进了董事长办公室，一进办公室，他发现门口地上有一张纸，弯腰捡了起来，发现是一张渍纸，便顺手把它扔进了废纸篓里。然后才到董事长的办公桌前，说："我是来应聘的福特。"董事长说："很好，很好！福特先生，你已被我们录用了。"福特惊讶地说："董事长，我觉得前几位都比我好，你怎么把我录用了？"董事长说："福特先生，前面三位的确学历比你高，且仪表堂堂，但是他们眼睛只能看见大事，而看不见小事。你的眼睛能看见小事，我认为能看见小事的人，将来自然看到大事，一个只能'看见'大事的人，他会忽略很多小事。他是不会成功的。所以，我才录用你。"福特就这样进了这个公司，这个公司不久就扬名天下，福特把这个公司改为"福特公司"，也相应改变了整个美国国民的经济状况，使美国汽车产业在世界占居鳌头，这就是今天"美国福特公司"的创造人福特。

分析：看见小事的人能看见大事，但只能"看见"大事的人，不一定能看见小事，这是很重要的教训。

活动体验

从现在起每天早上七点到七点半跑步半个小时,期末评选"持之以恒标兵"。

反观自我

_____

_____

_____

知识探究

职业礼仪展风采

提高遵守职业礼仪规范的自觉性,首先要处理好个人与社会的关系,学习职业礼仪,必须打破"自我中心"意识,增强社会和集体意识。作为职场中的一员,我们不能让个人好恶、个人习惯、个人意志来左右自己的行为,而是要服从社会和集体的交往需要这个大局,树立职业礼仪,为人民服务。其次要处理好工作单位内外部关系,作为工作单位的一员,在工作交往中,对内尊重同事和领导,合作友爱,对外加强联络,礼貌待人,讲究诚信。

案例启迪

北京林业大学的小刘毕业后在一家外企工作,这也是她应聘的第一份工作。和求职中屡屡受挫的同学相比,她几乎算一次成功。当别人向她讨教经验时,她说,细节决定成败的道理在找工作时也适用。

小刘应聘的第一家单位是美国一家保健品企业。那时,公司只招聘客服助理一人。为顺利进入面试,小刘开始做简历准备。她说,现在很多大学生从网上下载简历,没有新意,容易被企业冷落。为此,她写简历时,结合招聘职位沟通能力要强的特点,强调自己食品专业出身,性格开朗,尤其突出曾任校园就业指导服务中心助理团外联部部长、副主席等诸多细节,表明自己沟通能力强,适合客服岗位。

一周后,小刘和20多名应聘者一道顺利过关。复试时,小刘特意找件整洁的衣服穿上,穿衣问题虽是小节,却体现了对他人的尊重。她还特地提前半小时到达,守约不是大事,却能给人严谨的好印象。复试由总经理亲自主持,是一对一的交谈,小刘刚开始也很紧张,因为与她一起前来的应聘同学比,她的优势并不特别突出。当主考官要求她介绍下你自己有什么特点时,小刘冷静下来。她拿实例回答考官:大三下学期,一边准备六级英语和期末考试,一边还要每天抽两小时到社团工作,由于合理安排工作和学习时间,在完成工作的同时,英语六级考试也顺利通过。

在学校担任社团工作期间,她负责联系用人单位来学校举办讲座和招聘活动,这对没有任何关系的她是一种挑战。她经常从网上挑选、联系、邀请用人单位,在这个过程中,虽遭遇挫折,却在很大程度上锻炼了她的抗挫折能力。

面试完毕时，她把椅子轻轻搬回原位。这时，主持面试的总经理脸上产生了微妙的变化，并热情地对她说再见。

因为这个细节，她成为唯一被录用的人。招聘经理后来告诉她，面试时，考官都会观察应聘者是否迟到。那天她不但没有迟到，还是应聘人员中唯一一个把椅子搬回原位的应聘者。这个小小的举动决定了她最后的胜出。

活动体验

大家看一看，自己的座位周围有垃圾吗？为什么会有呢？

反观自我

知识探究

职业礼仪塑形象

塑造良好的个人职业形象的作用：

第一，有助于个人求职的成功。

第二，塑造和维护良好组织形象的需要。

第三，能有效地提升个人素质，塑造良好的个人职业形象，有利于人际沟通与交流，有利于工作的开展和效益的提高。

案例启迪

小张是某公司的员工，某天正好去财务部窗口领工资。在等候的时候，他随手把手中捏着的一张无法报销的票据揉成团扔在了地上。

其他部门的同事看见了，心里说："那个××部门的人素质真差！"

恰巧此时有位顾客来财务部交定金，他看到小张把纸团扔在地上，心里想："这个公司的员工如此行事，他们做的东西质量会好吗？售后服务会有保障吗？还是先别交定金了吧，回去再斟酌斟酌！"

生产部经理陪着几位外商参观公司，正好路过这里，地上的纸团没有逃过大家的眼睛，结果外商指着拿纸团问老板："这样的员工，能做出符合质量要求的产品吗？"

本来不费吹灰之力便能扔到垃圾桶里的一小团废纸，导致公司失去了数百万元的订单。

分析：在商务场合当中，你的行为举止不仅仅代表着你本人，还代表着你为之工作的部门、你的部门所属的公司、你的公司所属的集团，甚至代表你的集团所属的地区以及我们的国家。

活动体验

诸葛亮写给儿子的一封信，只用了短短86字，精简地传递了具体的讯息。我相信精简的表达源于清晰的思想，长篇大论的内容，容易令人生厌，精简沟通更有效果。你懂得言之有物地精简沟通吗？面临激烈的市场竞争，同学们倍感压力，请你们给心理老师写一封求助信，字数在100字以内，表述清楚自己的具体情况。

反观自我

第六节 职场压力认识

知识探究

职场压力指人在职场心理感受压力太大。职场压力属于压力的一种，是工作本身、人际关系、环境因素等诸多因素给我们造成的一种紧张感。压力过大或者这种紧张感过于持久则会出现焦虑烦躁，抑郁不安等心理障碍，乃至心理疾病。严重者可导致精神问题。

案例启迪

其实压力是中性的，没有好坏，只有你认为是坏的，就会变成坏的。美国有这么一个对压力的实验，为了给参与者制造压力，面试官们经受过特别训练，他们会给每个参与者负面评价，不管你说什么或做什么。例如，你的目光接触太糟糕，举例不当，说了太多的"嗯"和"啊"，你的姿势显得很不自信，等等。问题也很尖锐，比如"你觉得职场里还有性别歧视的问题吗？"不管你和其他参与者怎么说，面试官都会对答案提出批评。群体面试之前，每个实验对象会随机观看两段关于压力的视频中的一段。那段3分钟视频以这样的信息开头："多数人认为压力有害……但事实上，研究表明压力即动力。"视频接着描述压力是如何提升表现、促进幸福、助人成长的。另一半实验对象看的视频，则以不利的口吻开头："多数人都知道压力有害……但研究表明，压力的损害比你预期的还要大。"视频接着描述压力如何损害你的健康、幸福以及工作表现。两段视频引用的都是真实研究，从这个角度讲，它们都是正确的。但每段视频都是为激发某个人对压力的观念——这个实验室来观察压力是否能够影响参与者的身体反应。实验结果非常意外。面试前看了压力有促进作用视频的实验对象，较之那些看了压力有害视频的实验对象，释放了更多的DHEA（DHEA会令大脑在经受压力体验后变强大。它也会中和一些皮质醇的效果。比如说，DHEA能加速伤口愈合并提升免疫功能），成长指数更高。这是用参与者肾上腺释放的荷尔蒙比例来证明。认为压力有益创造了不同的生理事实。所以应对职场压力，首先要摆正自己对压力的看法，不同的看法导致人体对压力做出不同的反应。这也很好的解释了，有些人面对压力，反而越战越勇，有些人需要不断解压来解决自己的问题。

活动体验

在班级中开展一场以"高强度的职业压力和低强度的职业压力哪个更适合个人发展"为主题的辩论。

反观自我

_____

_____

_____

知识探究

职场压力的危害

我们每天面对的职场压力是20年前人们面对的压力的5倍，90%的人打破了正常的生活规律，难怪我们中间有许多人对健康多有抱怨。压力太大，不仅会导致精神不足时，工作效率欠佳，甚至面对事情的抗压能力也下降。压力还增加了我们患上糖尿病、高血压、肥胖，甚至是心脏病和骨质疏松的危险。

案例启迪

L是A市科技局下属某事业单位的副主管，负责A市科技园和创业中心的各项具体业务。为了今后的发展，L还在上在职研究生班。这一天，L像往常一样早晨6点半起床，洗漱完毕，便下楼买早点，回来正好妻子和7岁的儿子起床，一家人吃完早餐，L匆匆送儿子上学。离开学校，L赶紧乘车去预算外资金管理局，上午8点在门口和同事小C汇合。两人由财政局的一位熟人介绍，和预算外资金管理局的负责人和经办人洽谈有关本单位的预算外资金管理问题。离开预算外资金管理局，9点半L乘车去市计委，向基建科和重点项目办公室咨询创业中心扩建工程立项问题。由于项目建议书必须要有资质的机构制作，L又来到市工程咨询院，了解和洽谈委托的具体内容。上午11点L回到市科委向分管领导汇报具体情况。中午回家的路上，L倍感疲惫，在公交车上睡着了，差一点下错站。

中午吃完饭，L稍事休息，下午2点又乘公交车去远在开发区的单位上班。单位领导已经急等着和L商议工作。这时，班上的同学来电话，通知下学期专业报名和英语过关考试的事。下午3点半，L召集有关人员开会，讨论和布置单位预算外资金管理的具体问题。下午4点半，L终于空闲下来，正准备思考一下人力资源的论文素材，又有外单位人员进门来洽谈业务。下午5点20分，快到下班时间，同事老Q来找L，告诉他以前的同事WM从国外回来探亲，晚上6点约好在"烧鹅仔"聚会。L赶紧和妻子联系，妻子告诉他晚上也要出席工作宴会，L必须在7点30分回家照看儿子。L心不在焉地参加了聚会，喝了几杯酒，主食没吃就匆匆回家。辅导完孩子的功课，L筋疲力尽。妻子回来不满地说，脸色怎么这么难看，胡子几天没刮，头发也乱。L带着自己功课毫无进展的遗憾，简单洗漱一下就入睡了。这是我很熟悉人物的真实故事，压力的主要表现有：工作头绪多，期限要求紧，学习负担重，家务较多，时间紧张。生理上的反应包括精神紧张，容易疲劳，偶尔发生无名的头痛，背经常酸痛，情绪低落，容易生气，感到生活枯燥，缺乏情趣和快乐，甚至对未来产生迷茫。

专家支招：重新分析自己的目标定位，集中力量在少数重要的方面，减少精力在次要方面的投入；管理和控制好自己的时间，妥善计划和实施，提高工作有效性和效率；留出一些闲暇时间，从事一些轻松的活动，调节情绪，恢复体力，建立积极的心态。

活动体验

大家谈谈你们现在的学习有压力吗？如何缓解自身压力的？

反观自我

_____

_____

_____

知识探究

职场压力的疏解

长年累月的工作，超负荷的运转，以及新知识的飞速更新，要求你不断应对、补充以及尽快掌握的时候，特别是当你不幸遇到一个不是那么通情达理的上司，并要求你在很短时间内完成很多任务的时候；抑或当你的家庭也需要你的付出，家人都牵扯着你的经历时；当又一批年轻人进入公司，和你并肩竞争某项任命的时候，这些叠加的压力下，你将如何选择？又将如何调试你的心情？

案例启迪

领导对你说"觉得工作超负荷，可以选择离职"，他实际上想表达什么？小明曾经就遇到过这类似的情况，他在某家私企上班，私企的老板经常给她布置超负荷的工作，这些工作在老板看来可能并不是太重，而对于小明来说确实真的很难完成。有一天，小明便对老板说："老板，您布置的这些工作不在我的能力范围之内，我根本就无法完成，不是我不愿意做，是我有心无力。"老板听完之后，瞬间便对他拉下了脸，说道："既然你能力有限，实在做不了，可以选择辞职。"小明听完之后，二话没说便选择了辞职。辞职那天，小明无意间听到了老板和某位同事的谈话，老板说"本来就想让她走，不然也不会经常给她布置一些不可能完成的工作。"小明的例子可以看出，老板如果成心想让你走，虽然不会直接挑明，但一定会对你所从事的工作内容进行干预，从而达到让你知难而退的效果。

专家支招：领导对你说"觉得活多负荷重可以选择离职"实际上有两层意思。一层意思是，领导是在实话实说，可能介于劳动合同的关系，他不会主动解雇你，但会给你设置障碍，让你知难而退。比如，在工作上给你施加压力，就是领导的一贯作风。另一层意思也就是说气话而已。可能在领导看来，你就应该做这类型的工作，就应该被培养，但你却将其视为难题，领导自然心里会觉得恨铁不成钢。

活动体验

每个同学做一下"霍兰德职业兴趣测试量表"测一测自己的职场压力，并把自己处理职场压力与情绪管理的方法整理好，利用主题班会大家一起分享。

反观自我

知识探究

成功不相信眼泪

每个人心中都有一座山峰，雕刻着理想、信念、追求、抱负；每个人心中都有一片森林，承载着收获、芬芳、失意、磨砺。一个人，若要获得成功，必须拿出勇气，付出努力、拼搏、奋斗。成功，不相信眼泪；成功，不相信颓废；成功不相信幻影。未来，要靠自己去打拼！当前毕业生的就业困难有目共睹，然而除了社会大环境的影响因素以外，学生也应该对自己在职业初期的发展有一个明确可行的策略，这样方能在职业发展中把握先机，立于不败之地。

案例启迪

张小帅（化名），男，河南某学院英语专业大专毕业4年，在4个不同的城市换了5份工作，从事过医药销售、保险、教师等职业。目前对于自己的职业发展处于迷茫状态。

这是一个学生在职业初期缺乏规划导致职业发展混乱的典型案例。古语云：凡事预则立，不预则废。在一个人的职业生涯中也一定要有一个中长期的发展目标和计划。在职业发展上，没有计划其实就是正在计划失败！张小帅由于在职业初期缺乏规划，跳槽过于随意和频繁，这导致了他的内职业生涯缺乏积累。职业生涯发展的理论指出：内职业生涯是指从事一项职业时所具备的知识、观念、心理素质、能力、内心感受等内在因素的组合及其变化过程，而相对应的外职业生涯则是指从事职业时的工作单位、工作地点、工作内容、工作职务、工作环境、工资待遇等外在因素的组合及其变化过程，内职业生涯的发展直接决定和制约了外职业生涯的发展。所以，对于像张小帅这样刚毕业的大学生来说，最重要的不是去片面追求高薪、好职位、好环境等外职业生涯，而是要在做好职业定位和规划的前提下可持续地积累自己的经验、能力等内职业生涯要素。脱离了内职业生涯去发展外职业生涯就像水中捞月一样不切实际。

从性格类型分析结果上看，张小帅的性格类型是内向、感觉、情感、判断型，这种性格类型的特点是比较细心、感情丰富，同时有管理方面的潜力。较适合从事也能让他有满足感的工作是掌握一项技能去帮助和服务别人，如教师、客户、销售、外贸等。张小帅从事过的教师这个职业，从职业性格类型分析上看是比较符合要求的，但是职业规划师不仅要考虑当事人的性格因素，还要综合考虑职业价值观、职业兴趣等因素。从测评结果和自述的情况上看，张小帅是一个企图心很强的人，他希望自己能拥有很多的财富从而让社会认可自己的价值；而从职业兴趣测试的结果上看，他的职业兴趣类型是事业型，适合从事的典型职业有：推销员、销售经理、企业家、政治家等。这样看来教师这个职业可能无法长久地引发张小帅内心的激情和驱动力。

另外，从个人优、劣势分析和职业竞争力上来讲，张小帅目前比较明显的优势是他所学的英语专业和一口流利的口语，但是在当今竞争激烈的学历社会当中，他仅有的大专学历又成为了劣势。另外，过往频繁跳槽的经历也会成为他在面试时不得不面对的一个硬伤。所有的跳槽从经济学上讲都是有机会成本的，跳槽后你损失的可能是经验的积累、企业已有的信任度和职业发展的可持续性。

最终，在综合分析了张小帅的自身情况、行业职业信息，以及各地区职场的比较优势之后，在职业规划师的一步步引导下，张小帅自己悟出了结论：到江浙沿海外贸活动频繁的二线、三线城市开始从事外贸工作。这些地区对外贸人才的需求较大，以他的英语专业和口语优势比较容易切入。具体的发展策略是先考取外贸单证资格，从外贸的跟单开始做，熟悉流程和产品后再转成外贸业务。在工作5~8年积累了一定的外贸客户、人脉、经验基础，自身条件比较成熟的时候可以考虑自主创业。但是在这之前一旦选定了行业和企业就不要随意变动，要沉下心来、排除干扰，一心一意地在外贸领域积累自己的内职业生涯。

活动体验

你们考试失败了会怎么做？

反观自我

知识探究

微笑是一种力量

微笑是种力量，振奋人们的心胸；微笑，是首歌谣，飘进我们的心田；微笑，是条小溪，滋润着世间万物微笑，是一缕清风，吹走悲伤，吹走忧愁！态度决定一切，微笑也是一种态度，是一种做人应有的态度。一个简单的微笑，用无形的力拉近了彼此的距离，在人与人之间架起一座沟通的桥梁。微笑的力量能使人摆脱困境，走向光明。微笑着面对生活，积极地面对工作，你会发现天空因你的微笑而充满阳光，世界因你的努力而更加美好，而你在充满阳光的世界里才能更深刻地感受到自己的存在与生活的意义。

案例启迪

喜怒哀乐是每个人都会有的表情，可是在深圳有一个初中都没毕业的穷女生，却异想天开地想开家"微笑吧"，并靠卖"微笑"发财致富，很多人都说她是想钱想疯了，是痴人说梦。一年过去了，她的梦想竟神奇般地实现了，不仅店面越开越大，而且靠卖"微笑"狂赚100万元，那么她究竟是怎么成功的呢？

郭春香今年25岁，湖南桑植县人。郭春香从小就很有动手天赋，经常能做一些小巧的玩意拿去镇上卖钱。初三那年，因为父亲出了车祸，学费一下子没了着落，原本就不喜欢读书的郭春香便退学了。

2008年9月，郭春香来到深圳。几经周转后，终于在宝安区的一家珠宝公司找了份文员的工作。

2008年11月，一位女同事拉着她去做心理咨询，赶到门诊，排了两个小时队，只面谈了半个小时，就收费700元。同事告诉她，像这样的心理咨询都要预约，而且拖的时间久，费用又高。

回寝室的路上，郭春香边走边琢磨这事。接下来的一周，郭春香利用休息时间做了大量市场考察。她相中了一家正想转让的饭店。这个地方，距离市中心不远，人潮密集，旁边是工业园区，正好合适。

经过一番讨价还价，郭春香最终以每月2800元的价钱租下了那家饭店，为了节省费用，郭春香干脆辞职，自己搞起了装修。她将上下两层楼，分成了三格。楼下分为"倾诉格""消遣格"，倾诉格有专门的工作人员与之交流，消遣格则可以点上自己钟情的饭料或点心，彻底放松心灵。楼上为"影视格"，影视格里配备了一台40英寸的电视，以及一些心理健康专家的专题片。

为了开张后的生意能够一炮打响，郭春香聘请了几个大学生，到处发传单，还打出了一个响亮的宣传词——"放松心灵，美在身边"。她还招聘了三名有丰富心理咨询经验的大学生。这一招果然有效，该店吸引了不少都市白领。在这些人离开时，都对郭春香的"微笑吧"赞不绝口。

生意好了，人也就更加的忙碌。但每天郭春香都过得充实而新鲜。因为年轻，郭春香店面的员工们也都有初生牛犊的闯劲。很快，就有老板找上门来，希望能在"微笑吧"聚会。聪明的郭春香立即捕捉到了其中的商机，她将邻家即将到期的店铺也买了下来，简单装修后，再配上温暖活泼、明快的黄色，这样一来，"微笑吧"一次能达到接待50人次的规模。另外，郭春香也建立了顾客档案，并及时追踪，每个季度她都将顾客的信息仔细进行清理，总结经验，提高服务质量。她还选择在元旦、除夕、端午等中国传统节日时，给顾客送去温暖的祝福，一个邮件，一条短信或者一个电话。这些温馨的举措收到了很好的效果，给郭春香带来了大批忠实的顾客。郭春香还把发泄格一面的墙做成了"心声墙"，每个前来"微笑吧"的顾客都可以在心声墙上书写自己的感受。

生意做得风生水起的郭春香并不是坐等顾客的到来。2010年2月，郭春香联系厂家，赶制了一批心理健康、阳光心态知识宣传图册，低价卖给顾客。因为内容充实，图文并茂，一问世就受到了顾客的喜爱。

3月底，一位顾客找到郭春香说："你的微笑吧创意的确不错，我每个周末都要来坐坐，但是我总觉得少了些什么，不太完美。"顾客的话让郭春香顿时茅塞顿开。现在都市人的压力这么大，大家来"微笑吧"的目的就是想让心灵放个假。而且根据顾客档案来看，来这里的大都是回头客，成为了一种持久的消费。如果能提升"微笑吧"的品质和档次，那不是更让顾客把这里当成他们的第二个家吗？

郭春香是一个想到做到的人，她马上去电器商场订购了一套音响设备，又与花卉租赁公司签下合同，每天都让他们送来紫罗兰、百合、茉莉花等10多种赏心悦目的时令鲜花，摆在大门和每个桌位上。

随着郭春香的不断努力，她的"微笑吧"每天都在演绎精彩，每天都在快乐地成长。如今，她已经在深圳开了第二家分店，职员达到了12名，她也从一个曾为生计奔波劳累的蓝领变成了让人羡慕的"时尚创业达人"。

郭春香成功了，她的成功告诉我们，将想象力经营到极致，同样能变成生产力。这个世界上，谁不微笑，可是谁有郭春香那么富有想象力，能把微笑也包装成产业？因此一个人要成功，可能与本身的学历、出身无关，只在于敢于去创造、去拼搏。面对成功，没有做不到，只有想不到。

活动体验

你们是一名商场售货员，刚才在电话里和自己的好朋友大吵了一架，刚挂电话店里就来了一名顾客，请大家表演一下这时候你的表情。

反观自我

第七节　提升人格魅力

知识探究

正确认识自己，不能盲目地自我欣赏。只有在客观分析自己的基础上，进行正确的评价，才能使自我得到良好的发展。

案例启迪

刘双高中就读于北京房山中学，成绩平平。大学毕业于北京信息职业技术学院。在刘双自己眼里，其成长经历也是平淡无奇，选择电子专业算是圆了自己的一个梦。初中时，刘双很想报名参加少年电子技师证的兴趣班，"当时报名的人并不是很多，我跟父母说自己想报，父母二话没说就答应了。"在兴趣班老师的指导下，刘双组装了一个收音机，"最后听见它出声了，我就特别高兴，还颁发了一个小证书。"第一次"触电"的成功，无疑给刘双选择电子专业埋下伏笔。

进入北京信息职业技术学院学习后，刘双对电子专业的热爱又达到另一个高度。他经常在周末约上好哥们儿冯雪去"逛街"，然而他们逛的并非商场，而是中关村的电子市场。"早上8点多我们就出门，坐上公交车40多分钟才能到中关村，在新中发、老中发电子市场一直逛到下午三四点，中午也不吃饭，下午回到学校再找个地方吃饭。"

2009年，北京信息职业技术学院第一次参加全国职业院校技能大赛，刘双和另外两位队友刘嘉和冯雪代表学校参加比赛，最终获得高职组电子产品设计（团体）一等奖。获得国赛一等奖无疑成为刘双人生中浓墨重彩的一笔。

如今，刘双在中国空间技术研究院总装与环境工程部做卫星整体总装技术员。刚工作时，刘双最开始只能站在旁边看着别人总装，一段时间后协助别人总装，而现在他已经成为团队的负责人。能进入这个单位，在同学眼里，简直就是"升天"了，因为这个单位与卫星等高科技技术打交道。

然而，工作上要求刘双再继续学习，2012年，刘双通过了中级技术工的考试，成为一名中级技术工，未来他的目标就是在2015年通过高级技术工的考试，成为高级技术工。

刘双自认自己是个普通人，但他说："普通人也有绚丽的时候。"

活动体验

你打算如何提升自己的人格魅力？

反观自我

第五单元
职业素养

知识探究

发展职业生涯要从所学专业起步，职业资格证书在一定程度上标志着人的职业能力水平，在求职、转岗、晋升以及创业中有重要作用。我们能在平时的学习生活中培养良好的职业素养更有利于我们立足社会。职业素养是指劳动者在一定的生理和心理条件的基础上，通过教育、劳动实践和自我修养等途径而形成和发展起来的，在职业活动中发挥作用的一种基本品质。职业素养主要包括思想道德素质、科学文化素质、专业素质、身体心理素质。思想道德素质是职业素养的灵魂，对其他素质起统领作用；科学文化素质是职业素养的基础；专业素养是职业素养构成中的重点；身体心理素质是职业素养的载体。

案例启迪

小叶和小邵是制冷专业的同学，在校期间都领到了"制冷设备维修工技术等级证书"。毕业时，小叶四处奔波，很长时间也没找到录用单位，而小邵却马到成功，求职一次就被录用了。小叶去找小邵请教求职的诀窍，还没进门，就看见小邵穿着工作服坐在小货车里发动汽车，他惊奇地跑过去问："你什么时候学会开车了？"小邵笑着说："去年夏天，晒脱了一层皮，换来了驾驶证。"

小叶看着小货车，羡慕不已，要小邵带着他转一圈。小邵说："上去吧！我正好要到客户家安空调呢。"小叶坐在小邵旁边说："我也到你们公司求过职，人家没要我，你真有运气。"小邵回答："因为我既有制冷本、又有驾驶本，经理才答应考虑考虑，当我又递上电工上岗证时，经理当时就拍了板。以前卖了一台空调，得派三个人去顾客家安装，一个制冷工，一个电工，再加一个司机。现在我一个人全办了，经理还专门批给我补贴呢！"

小叶惊奇地问："你是怎样弄到电工本？"小邵说："我利用晚上和双休日参加了个电工短训班，没费太大劲就把电工本考下来了。"小叶听了这段话后，后悔到直锤自己的脑袋。小叶在学校上学的这三年，白天轻松，晚上不累，暑假迷上了钓鱼，双休日都用来上网玩游戏，虚度时光，现在却面临无法就业的困境。

人生启迪：一个人一生职业转换的可能性很大，随着环境等因素的变化，职业岗位会有变化，每个人都要有重新选择职业的思想准备。证书是专业技能素质的凭证，是求职的"敲门砖"。制订一个清晰的"取证"计划，能促使自己珍惜时间，避免虚度年华。小邵的成功，与他较高的综合职业素养和主动适应社会发展趋势的进取精神是分不开的。

活动体验

大家写出同桌已经具备的职业素养。

反观自我

第一节　职业道德

职业道德是指从职人员在职业活动中应当遵循的道德，它既是从业人员在职业活动中的行为标准和要求，也是本行业对社会所承担的道德责任和义务。各行各业都有各自的职业道德，例如，医生要遵守救死扶伤的职业道德；教师要遵守教书育人、为人师表的职业道德；企业要遵守守法经营、公平竞争等职业道德。

职业道德具有行业性、广泛性、实用性、时代性的特点。

行业性是指每一个行业都各有各的职业道德，行业不同职业道德不同。如警察的职业道德是"执法为民、除害安良"，教师的职业道德是"教书育人、为人师表"。

广泛性是指职业道德既贯穿于人类社会发展的各个形态，又存在于社会生活的各个领域、各种社会关系中。大到经济领域、政治领域、文化领域、卫生领域、小到人们的衣食住行，人们在处理各种人际关系时必须要遵守一定的原则和规范，其中就有职业道德。

实用性是指职业道德时时刻刻与职业活动联系在一起，对相应的行业或领域，相应的社会发展都起着举足轻重的作用。例如，现代企业从生产经营活动中的产、供、销的各环节、各道工序，到服务岗位都有其各自应该遵守的职业道德。

时代性是指不同时代职业道德也不尽相同，职业道德会随着时代的变化而不断发展。职业道德会随着时代的发展、经济与科技的进步而不断完善，同时，也会随着新行业的诞生，新的职业道德规范随之产生。例如，教师职业道德随着社会发展而不断发展完善。春秋时期，孔子办私学，广收门徒，创立了许多有关教师职业道德方面的理论，其中较为著名、对后世影响较大的有："默而识之，学而不厌，诲人不倦，何有于我哉？"体现了一种有关"学""诲"的师德。其身正，不令而行；其身不正，虽令不从。不能正其身，如正人何？体现了一种"以身作则""言传身教"的师德。此外还有热爱学生、有教无类、不耻下问、知过而改、因材施教、循循善诱等有关教师职业道德方面的著名言论，形成了我国教育史上的第一个教师职业道德规范体系。孔子而后的百家争鸣时期，荀子、墨子、孟子等对教师职业道德体系进一步发展，如荀子在强调教师要以身作则的同时，又提出教师须具备的四个条件："尊严而惮""耆艾而信""诵说而不陵不犯""知微而论"，实际就是在德行信仰、能力、知识等方面对教师提出了更高的要求。汉代的董仲舒把"三纲五常"作为教师职业道德的核心要求，又说"善为师者，既美其道，有慎其行"，指的是教师的道德品质、知识才干、言谈举止等。唐代韩愈将师德列于对教师要求的首位，云"弟子不必不如师，师不必贤于弟子，闻道有先后，术业有专攻，如是而已"。宋元明清又对教师的职业道德作了进一步的发展。如朱熹提出把"博学""审问""慎思""明辨""笃行"作为教师的道德规范。明末清初的王夫之则认为"德以好学为极""欲明人者必须先自明"。现代教师的职业道德是"教书育人，为人师表"。

职业道德是人们在职业实践中形成的行为规范，在社会主义制度下，爱岗敬业、诚实守信、办事公道、服务群众、奉献社会是各行各业应共同遵守的职业道德的基本规范。

知识探究

办事公道

办事公道是很多行业、岗位必须遵守的职业道德，其含义是以国家法律、法规，各种纪律、规章以及公共道德准则为标准，秉公办事，公平、公正地处理问题。其主要内容有：第一，秉公执法，不徇私情，坚持法律面前人人平等的原则，正确处理执法中的各种问题。第二，在体育比赛和劳动竞赛的裁决中，提倡公平竞争，不偏袒，无私心，做出公平、公正的裁决。第三，在政府公务活动中对群众一视同仁，不论职位高低、关系亲疏，一律以同志态度热情服务，一律照章办事，不搞拉关系、走后门那一套。第四，在服务行业的工作中做到诚信无欺、买卖公平。称平尺足，不能以劣充优、以次充好。同时，对顾客一视同仁，不以貌取人，不以年龄取人。

案例启迪

一天，苏东坡乔装秀才，带一家奴，前去游览江南风景胜地莫干山，见一座道观，便和随从一起进去讨杯茶喝。道观主持道人见他衣着简朴，以为是个落第秀才，冷淡地说，"坐"，回头对道童说了声"茶"！后来见他脱口珠玑，谈吐不凡，料定有些来历。老道立刻换了一副面孔。说声"请坐"，又叫道童"敬茶"。

坐了一会儿，老道借沏茶之机，悄悄地向仆人打问，才知道是大名鼎鼎的苏大学士、杭州刺史老爷到了，马上把苏东坡引至客厅，毕恭毕敬地说："请上座"，并回头吩咐道童"敬香茶!"苏东坡心想，出家人尚且如此世故，难怪世上人情淡如水，不觉暗暗发笑。

老道人好不容易抓住了这个时机，便请苏东坡留墨题词。苏东坡就把眼前发生的事实经过，写了一副对联：

坐！请坐！请上坐！

茶！敬茶！敬香茶！

这副对联，诙谐有趣，把老道以衣帽取人，十分世故的形态和嘴脸，勾画得维妙维肖。老道人见联自知失礼，满面羞愧。

关于办事公道我们要认识到以下几点：

第一，要热爱真理，追求正义。办事是否公道关系到一个以什么为衡量标准的问题。

要办事公道就要以科学真理为标准，要有正确的是非观。公道就是要合乎公认的道理，合乎正义。把追求真理，不追求正义的人办事很难合乎公道。而现实生活中许多人是非观念非常淡漠，在人们眼中无所谓对与错，只有自己的喜欢和不喜欢，把自己摆在一个非常突出的地位。

第二，要不谋私利，反腐倡廉。私利能使人丧失原则，丧失立场。从古至今不知有多少人拜倒在金钱脚下，因此，只有不谋私利，才能光明正大，廉洁无私，才能主持正义、公道。

第三，要坚持原则，不徇私情。只停留在知道是非善恶的标准的层面上是不够的，还必须在处理事情时坚持标准，坚持原则。为了个人私情不坚持原则，是做不到办事公道的。

第四，要不计个人得失，不怕各种权势。要办事公道，就必然会有压力，会遇到各种干扰，特别会碰到那些不讲原则、不奉公守法的有权有势者的干扰。遇到压力和干扰时可能会有两种态度：一种是为使自己免受压力向有权有势者屈服；另一种是大公无私，不计个人得失，不畏权势，坚持办事公道。

活动体验

我们的班长办事公道吗？

反观自我

___

知识探究

爱岗敬业

爱岗敬业，是从业人员应该具备的一种崇高精神，是做到求真务实、优质服务、勤奋奉献的前提和基础。可谓默默无闻、枯燥烦琐。没有无私奉献的道德品质，没有"不唯上、不唯书、只为实"的求实精神，是很难出色地完成任务的。为此，我们要求广大从业人员要有高度的责任感和使命，热爱工作，献身事业，树立崇高的职业荣誉感。要克服任务繁重、条件艰苦、生活清苦等困难，勤勤恳恳，任劳任怨，甘于寂寞，乐于奉献。要适应新形势的变化，刻苦钻研。加强个人的道德修养，处理好个人、集体、国家三者关系，树立正确的世界观、人生观和价值观；把继承中华民族传统道德与弘扬时代精神结合起来，坚持解放思想、实事求是，与时俱进、勇于创新、淡泊名利、无私奉献。

爱岗敬业就是热爱自己的岗位，立足本职、脚踏实地、尽职尽责、干一行爱一行。要求我们自觉地把自己从事的工作同祖国的命运联系在一起，在自己的工作中充分发挥积极性、主动性和创造性，自觉形成任劳任怨的工作态度。

爱岗与敬业是相辅相成、相互支持的。

第一，要有献身事业的思想意识。人是为生活而工作的，也是为工作而生活的，应当把自己的职业当成一种事业来看待。献身于事业就是要把自己的才华、能力以至于生命都投入到事业当中去,认认真真、毫不马虎。只有具备这样的思想意识,才能以从事本职工作为快乐。第二,要培养干一行、爱一行的精神。只有干一行、爱一行,才能认认真真"钻一行",才能专心致志搞好工作,出成绩、出效益。随着市场经济的完善和人才的相对饱和,用人单位会倾向于选择那些踏踏实实工作,有良好工作态度的人。所以,干一行、爱一行在今天仍有特别重要的意义。第三,爱岗敬业要贯穿工作的每一天。提倡爱岗敬业,并非说一个人一辈子只能待在某一个岗位上。然而无论他在什么岗位,只要在岗一天,就应当认真负责地工作一天。岗位、职业可能有多次变动,但对其工作的态度始终都应当是勤勤恳恳、尽职尽责。

案例启迪

26岁的陶丽圆,是浙江大学医学院附属邵逸夫医院心内科重症病房护士,和她同岁的丈夫麻利进是中国人民解放军海军"某舰"副航空长。两人高中时期相识,并喜结连理。2016年7月,丈夫麻利进入伍来到"某舰"服役,这对聚少离多的小夫妻与武汉的缘分就此开始。"我们一直都很想去武汉旅游,但是始终没有时间。"陶丽圆从未想到,第一次踏上这座城市,竟是在新冠肺炎疫情发生的危急时刻。2020年2月13日凌晨,陶丽圆接到医院出征武汉的通知,她毫不犹豫地提交了请战书。2月14日,陶丽圆随浙江第四批支援湖北医疗队接手武汉协和医院肿瘤中心隔离病房。在协和医院肿瘤中心的30个日夜,陶丽圆和同事们悉心照料患者,和大家建立了难舍的感情。

病房中一位94岁的患者李奶奶,有一天对陶丽圆说:"孩子,你们把我送出去吧。我年纪大了,不想浪费国家资源,不想治了……"陶丽圆鼻子一酸,差点就哭了,赶快安慰李奶奶:"奶奶,每一条生命都值得我们拼尽全力去努力挽救。全国各地的医务人员都来到了武汉,我们都在拼命,您千万不能自己放弃啊……"李奶奶身边没有亲人陪伴,陶丽圆就送给她一台老年机,还教会她如何用手机和孙子聊天。慢慢地,李奶奶的病情明显好转了。"老人每次看见我们,眼里那种疼爱都快要溢出来了,把我们都当成自己的孙子孙女了。"提起李奶奶,陶丽圆语气里充满幸福。在武汉1300公里外的广东湛江某军港,麻利进和战友们正在以另一种方式,为"武汉保卫战"做出自己的贡献:他们在"武汉舰"上自发组织捐款行动。虽然相隔千里,但两人每晚都会视频连线,互相加油打气。

3月14日,武汉协和医院肿瘤中心隔离病区患者清零关闭,陶丽圆也随医疗队转战武汉肺科医院ICU,接手11张床位,承担起救治危重症患者的任务。

如果没有这场突如其来的疫情,2020年3月本应是这对"90后"新人在湛江拍摄婚纱照的时间。"为了在战疫一线更好地工作,我把自己的头发剪短了。"陶丽圆笑着说,"要等头发重新长起来,恐怕要到9月、10月了。"3月20日凌晨,陶丽圆在武汉肺科医院的第一个夜班前,和丈夫打了电话。"做好防护,平安回来!"麻利进嘱咐她。"我们的共同心愿,就是疫情可以尽快结束。"陶丽圆说,"我希望可以在明年春天,和爱人一起来武汉,好好地欣赏这里的春色美景。在这里奋斗过的每一天,我都会永远铭记。"

活动体验

大家说出你心中爱岗敬业的班干部,并举例说明。

反观自我

_____
_____
_____

知识探究

实事求是

实事求是，不光是思想路线和认识路线的问题，也是一个道德问题，而且是职业道德的核心。求，就是深入实际，调查研究；是，有两层含义，一是是真不是假，二是社会经济现象数量关系的必然联系即规律性。为此，我们必须办实事，求实效，坚决反对和制止工作上弄虚作假。这就需要有心底无私的职业良心和无私无畏的职业作风与职业态度。如果夹杂着个私心杂念，为了满足自己的私利或迎合某些人的私欲需要，弄虚作假、虚报浮夸就在所难免，也就会背离实事求是原则这一基本的职业道德。

案例启迪

毕业生小舟不愿做假账，不愿在管理混乱的单位工作。但他离职受阻，还被原单位指为"小偷"。"我问心无愧，身正不怕影子斜。"小舟说。

2004年7月，小舟到"科技有限公司"应聘。"面试时他们只问了我两个问题：能教哪门课程？愿不愿帮他们去招生？"虽然小舟与该公司签订过"招一个学生给多少劳务费"这样的协议，后来也招来了好几个学生，但"公司以各种借口没付给我1分钱劳务费"，小舟说，"我进入公司后发现，那段时间他们每周都会找很多人来面试，叫大家去帮他们招生，但最后能进来工作的没几个。"

直到2004年9月，该公司才与小舟签订了试用合同。"我担任招来的两个班中一个班的班主任，教语文和哲学两门课程，同时兼任会计和团委书记，月薪1400元。"小舟说，"这等于是拿一个人的工资干两个人的活。但我愿意，年轻人嘛，刚从学校毕业，能多做点就多做点。"国庆节学生都放假了，小舟还被安排值班，还要做账。公司承诺的每周至少一天的休息保证不了，就连生病请假也不批准。这段时间，小舟瘦了近30斤。

"最终促使我离开的事，很多事情我理解不了。"小舟说，比如，他上大学的时候是学会计专业的，但还没有会计资格证，该公司挂另一个人的名义要他做账，而且是"两本账"，"我认为这是违法的"。

小舟说："要饭碗还是要正义，我确实很难抉择。我一直认为大学生没有工作是耻辱的，但这样的工作我不能再干下去了。"

2004年10月初，小舟向该公司提出辞职，但未被批准。"他们承诺将另找一个人来顶替我的会计工作，但迟迟未兑现。后来，又说我丢失了公司营业执照副本、机构代码副本、银行印鉴卡原件。我提出办理挂失并愿意承担相关费用，他们也不肯，就是不让我走。我便在办理了移交账本等会计手续后，自行离开公司回广西老家去了。"小舟说。

分析：职业活动是人谋生的方式和手段，但职业对于人来说并非只有工具的意义，它还具有目的性，即它是人诚实守信、完善自身的必要条件。如果只是从个人的、工具性的和物质需要的角度来看待职业，就必然会忽视职业生活所具有的更丰富、更深刻的人生内涵。因此，树立崇高的职业理想，不仅是为了拓展职业的价值领域，更是为了提升人生观、价值观的境界。不应单纯地把职业看成是谋求生存的手段，更应把职业视为一生所追求的事业，它蕴涵着人们的人生理想和信念。

活动体验

作为班上生活委员的你会如何记录本班班费的开支情况？

反观自我

知识探究

诚实守信

诚实守信，是为人处世的基本准则，是一个人能在社会生活中安身立命之根本。诚实守信也是一个企业、事业单位行为的基本准则。企业若不能诚实守信，它的经营则难以持久。所以，诚实守信也是社会主义公民的职业道德之一，每一位公民、每个企业主、每个经营者，都要遵守这一基本准则。

诚实是人的一种品质。这种品质最显著的特点是，一个人在社会交往中能够讲真话。他能忠实于事物的本来面貌，不歪曲事实，不隐瞒自己的真实思想，不掩饰自己的真实情感，不说谎，不作假，不为不可告人的目的而欺骗别人。

守信也是一种做人的品质，就是讲信用，讲信誉，信守承诺，忠实于自己承担的义务，答应了别人的事一定要去做。其中"信"字也是诚实不欺的意思。

在现今世界各地，失信的现象十分严重，造成信用危机，影响经济发展，扰乱生活秩序。例如，在中国大陆，有些政府官员欺上瞒下，贪污情况严重。在商业交易中，假冒伪劣商品屡禁不止，目前中国约有35%的企业被假冒伪劣产品侵权，此类产品的产值年均高达13000亿元。商家对顾客态度冷漠敷衍、虚假广告、毁合约、作假账的现象相当普遍。凡此种种，不胜枚举。

现代社会急功近利，物欲横流，现代人虽利用科技创造了物质财富，但自己反被物质财富所奴役。现代人每天营营役役，为的是赚多点钱，以提高生活水平和物质享受，但道德价值观念却开始淡薄。在物质主义、功利主义和享乐思想的冲击下，现代人普遍认为见利忘义、投机取巧比中国传统美德如诚信、刻苦、勤奋更为重要，社会崇尚金钱、权力，以此作为衡量个人成功与否的标准。反观人类的精神世界、生命价值、崇高理想、道德情操则被逐渐遗忘。

诚实守信要求我们在职场中要做到以下几点：①要诚实，不说谎、不作假、不欺骗别人;②要有信用,讲信誉;③要忠诚所属企业;④要维护企业的信誉;⑤要保守企业秘密。

案例启迪

　　一个外资企业出高薪到中国招聘员工。民营企业的高管老王面对1万元的月薪蠢蠢欲动,在朋友们的鼓励下欣然前往报名参加招聘考试。试卷上一道道的技术型的题目对老王来说简直就是小菜一碟,做起来也得心应手。但是面对试卷最后一道20分的大题,老王不知从何下笔。这道题只有一个问,那就是"你原单位的核心技术是啥?"老王左思右想,最终在试卷上写下了"无可奉告"四个字。交完卷,老王心想:20分的题都没做,这次玩完啦,于是回到自己的岗位认真工作了。第二天,老王突然接到外企人事部的电话,告知他被录用了。

　　诚实守信是公民的基本道德之一,我们即将进入职场的中职生应该从现在开始,从小事开始培养自己的诚实守信的道德品质。这就需要我们在日常生活中与人交往时,要坦诚相待,真诚相处。热心帮助朋友排忧解难,但不是不计后果的哥们义气。诚实守信的同时要遵守道德和法律原则,做到时时讲诚信,事事讲诚信。

反观自我

_____
_____
_____

案例启迪

　　简光洲是上海《东方早报》记者,他的题为《甘肃十四名婴儿疑喝三鹿奶粉致肾病》的报道于9月11日刊出后,不仅让三鹿集团彻底垮了,还让多名高官下台、奶农遭受严重损失,甚至严重损害中国的国际形象。

　　不过,与此同时,他的报道也救了无数的婴幼儿,让他们免于再受毒奶粉荼毒。因此,有的中国网民认为,全国的母亲和家长都应公开举办一个仪式向他致谢,甚至认为他应获颁年度新闻奖。

　　简光洲并不是中国第一个报道婴儿疑因食用问题奶粉导致患上肾结石的记者。在他之前,湖北、甘肃已有媒体陆续报道,但这些报道都没有直接写出问题奶粉是哪家,只在文中以"某品牌"称之。他下笔时,由于担心被告,也为了是否直接点出企业名字矛盾很久。一方面"三鹿"是知名企业,拥有150亿元人民币的品牌资产,另一方面当他向"三鹿"集团求证时,对方信誓旦旦地保证,奶粉绝无问题。不过,在听取医生的说明以及看到婴幼儿的就诊情况后,他决心点名报道。

　　他说,他在甘肃兰州的医院看到了许多父母哭着把不满周岁的孩子送进手术室,以及医生冒着被指责手术不当的风险为婴儿实施全身麻醉;患病婴儿接受治疗时,得痛苦地忍受5毫米的管子从尿道里插进去,而护士们得在婴儿的头上多次寻找能够扎针的血管。

看到这一切，他决定在报道中写出"三鹿"的名字，但发稿当晚，他紧张得无法入眠。因为万一自己报道错误，就要吃官司，万一报道没错，他也会成为摧毁一个中国著名的民族品牌的千古罪人。

简光洲在博客中写道："我不是说我有多高尚，我只是想说出一个事实。在这个社会，面对着各种诱惑与风险，要说出一个简单的事实其实也并不容易。"

分析：作为一个记者，应当恪守自己的职业道德。部分记者失去了社会良知，媒体丧失了社会责任感。中国需要有良知的记者，更需要有道德的媒体。

活动体验

同寝室的同学在寝室连网打游戏，大家统一口径不告诉班主任老师，第二天班主任来向你了解情况，你会说吗？

反观自我

知识探究

服务群众

服务群众就是全心全意为人民服务，要求在职业活动中一切从群众的利益出发，为群众着想，为群办事，为群众提供高质量的服务，一切以人民的利益为出发点和归宿。一切为了人民群众，一切依靠人民群众，一切服务于人民群众。全心全意为人民服务既是中国共产党的根本宗旨，也是新时期职业道德的最境界。服务群众既有利于从业人员树立崇高的职业理想又有利于增强从业人员的职业荣誉感，提升心灵的满足感，还有利于增强职业责任感，有助于事业成功。服务群众不但对从业人员个人有着重要的作用还对企业的发展壮大也有着举足轻重的作用。服务群众既有利于树立企业形象又有利于企业利益的实现。服务群众要求从业人员树立服务群众的观念。尊重群众，真心对待群众，方便群众。急群众之所急，想群众之所想。

案例启迪

四川省凉山彝族自治州木里藏族自治县位于青藏高原和云贵高原交界处的大凉山，这里一道道状如刀锋的山梁并排交织，山与水之间形成落差巨大的大河深谷，道路艰险绝少平地。就在这些交通十分不便的大山里散落着许多少数民族村落。在不通公路的乡村，靠着骡子和马开辟的马班邮路，是当地群众与外界联系的重要通道。乡村邮递员王顺友就是一位 20 年如一日在漫漫高山邮路孤独跋涉了 26 万公里，相当于走了 21 趟二万五千里长征，把信息和希望带给这里各族群众的人。在一去 10 多天的邮路上，王顺友要翻越陡峭的山路，忍受恶劣的气候，应对泥石流、洪水、飞石、野兽、强盗等种种危险，还要爬冰卧雪、风餐露宿，为的就是要把报纸、信件和脱贫致富的信息送到当地群众手中。王顺友对自己的辛劳无怨无悔。人们眼中的王顺友，干瘦、沉默，40岁的人看上去像是年过50。他走路时身体习惯地前屈着，这些都是长期在高山邮路上行走造成的。当地货物的流通要靠马帮，王顺友在崎岖的山路上经常能碰上他们，熟悉的马帮常常想拉王顺友入伙，说"像我们这样干，受的累少，不受管束，挣的钱比你多，以你现在的操劳，少说一年也挣个十万八万的"。王顺友只是嘿嘿一笑，他说"送信的工作是伟大的，伟大之处就在于邮政的工作是在为老百姓做事情"。

王顺友一心为了群众连命都可以不要。1998年8月，木里遭受百年罕见的暴雨、泥石流袭击，进入俄波乡的所有道路中断，整个俄波成了一个与外界隔绝的孤岛。正当大家在咆哮的河水旁发愁的时候，忽然有人叫了起来"快看，老王来了！"只见浑身是泥、满身是伤痕的王顺友牵着泥骡子一步步走来，只有骡子背上的邮包因为用塑料布包了好几层被保护得干干净净。他说"路太滑，摔了几跤，桥都冲断了，我是拉着骡子尾巴一路蹚泥过来的"。乡里的同志说"老王，一连几天雨都没停，你可以避一避、等一等嘛，太危险了"。可王顺友却说"不敢耽搁，邮包里有报纸，还有两个学生的录取通知书。而且，我来了，就说明这里与县里的联系没有断"。一席话，让在场所有的人激动不已。

现在的王顺友已是一身的伤病，但他坚持着，他最大的愿望就是大凉山的每个乡村都通上公路，都跑起汽车，让马班邮路被汽车邮路取代，让山里的每户人家都富裕起来。

活动体验

在自己所在的社区或者村社选定一位留守老人，每周利用两小时的时间去和他们谈谈心，聊聊天，帮助他们做我们力所能及的家务。

反观自我

知识探究

职业道德

所谓职业，就是人们由于社会分工和生产内部的劳动分工，而长期从事的具有专门业务和特定职责的，并以此作为主要生活来源的社会活动。所谓职业道德，就是从事一定职业的人们在其特定的工作或劳动中所形成的行为规范的总和，是所有从业人员在职业活动中应该遵循的行为准则，涵盖了从业人员与服务对象、职业与职工、职业与职业之间的关系。职业道德不仅指一种行为要求，而且还包括本行业对社会所承担的道德责任和道德义务，维护的是社会秩序或职业秩序。

职业道德是一般社会道德的特殊形式。职业道德的出现，与社会分工的发展相联系。

职业道德作为一种社会意识,是社会的、阶级的道德在职业生活中的具体体现,反映着道德调解的特殊方向,又带有具体职业或行业活动的特点,是一般道德原则和道德规范的重要补充。职业道德是在特定的职业生活中形成的,但在阶级对立的社会里,必然受阶级道德的制约。社会主义制度确立后,随着生产资料公有制的实现,职业道德的性质发生了变化,形成了新型的职业道德。各行各业共同遵循为人民服务的道德原则,成为社会主义和共产主义道德体系的重要组成部分。

案例启迪

在青岛港,许振超这个名字可谓尽人皆知,2004年4月11日中央电视台《焦点访谈》介绍了他的事迹。许振超只读过初中,但自从1974年参加工作以后,就一直坚持自学各种专业知识,并注重将所学的知识运用到生产实践中去。在工作的第二年,他便被选中去操作当时最先进的起重机械。数年后,青岛港引进世界一流的大型装卸设备——桥吊,他又成为操作桥吊的第一人选,并被任命为桥吊队队长。上任后,他还通过刻苦钻研编写了一本桥吊司机操作手册,组织队员学习,从而使整个桥吊队的业务水平有了大幅度的提升。之后,许振超又给自己提出了新的要求,不但要懂桥吊,还要能维修桥吊。他用了4年时间,将10多块关键的电路板的详细电路图研究透彻,为检测故障提供了极大的便利,同时也大大降低了桥吊的维修成本。世界航运市场的竞争日趋激烈,许振超又提出青岛港装卸要创出世界一流业绩的目标。他对桥吊操作技术精益求精,通过反复摸索和勤学苦练,练就了一手吊装精湛技艺,将吊装速度提高到了世界极限,同时确保操作安全无事故,并且毫不保留地将技术传授给同事,终于在2003年4月27日,他和工友们创造出每小时完成吊装381个自然箱码头装卸效率,被交通部认定为世界最新纪录。这一业绩被青岛港领导命名为"振超效率"。在振超效率的带动下,青岛港2003年完成了港口吞吐量14000万吨,比上年有了大幅度提高。许振超30年如一日,刻苦学习,勤奋钻研,精益求精,拼搏创新,敬业奉献,在他的身上集中体现了坚韧不拔的学习精神,执著的创新精神和奋斗拼搏精神,交通部部长张春贤评价他是一名学习型、技术型、创新型、实干型和奉献型的先进典型。他爱岗敬业、追求卓越,体现了带领团队团结协作的精神,在平凡的工作岗位上创造了非凡的业绩。

分析:许振超是我们工人队伍中涌现出来的敢想敢干、能干会干、苦干实干的优秀代表,是新时代产业工人的楷模,是我们学习的榜样。许振超身上涌现出了新时代下的高尚的职业道德和创业精神。我们要学习他爱岗敬业、为国奉献的主人翁精神,做到干一行、爱一行、精一行。爱岗敬业,反映一个人的人格。我们每个人都应该珍惜自己的工作岗位,充分发挥自己的聪明才智,尽职尽责地干好本职工作。我们要学习许振超艰苦奋斗的创业精神,勇于开拓的拼搏精神和困难面前不弯腰的实干精神,努力成为干事创业的楷模。

活动体验

大家回家上网了解我国2020年度的道德模范先进事例。

反观自我

_____
_____
_____

知识探究

奉献社会

所谓奉献社会，就是全心全意为社会做贡献，是为人民服务精神的最高体现。有这种精神境界的人，他们把一切都奉献给国家、人民和社会。所谓奉献，就是不期望等价的回报和酬劳，而愿意为他人、为社会或为真理、为正义献出自己的力量，包括宝贵的生命。奉献社会不仅有明确的信念，而且有崇高的行动。奉献社会的精神主要强调的是一种忘我的全身心投入精神。当一个人专注于某种事业时，他关注的是这一事业对于人类，对于社会的意义。他为此而兢兢业业，任劳任怨，不计较个人得失，甚至不惜献出自己的生命。这就是伟大的奉献社会的精神。一个人无论从事什么行业的工作，不论在什么岗位，都可以做到奉献社会。在社会主义市场经济条件下，倡导无私奉献的精神，既可以使企业和个人改善服务质量、增强竞争实力，从而赢得顾客和市场，又有助于抑制极端利己主义和享乐主义，还有助于营造互助友爱、安定和谐的社会风气。奉献社会要求从业人员立足本职工作，时时刻刻把"奉献"放在心里，热心公益事业，积极参加志愿者服务工作，为构建社会主义和谐社会贡献我们的力量。

案例启迪

李春燕，27岁，是贵州从江县大塘村乡村医生。三年前李春燕卫校毕业后嫁给了大塘村一个苗族青年，成为了一名乡村卫生员并且在自己家里开设了一间卫生室。

大塘村是一个苗族村寨，只有她一个乡村卫生员，有2500多名苗族村民，生活极其贫穷。人们向来缺医少药，过去，村里没有医生，得病了，除了苦熬，就是请鬼师驱鬼辟邪，或是用"土办法"自己治疗，死了，谁也不知道是啥原因。现在，大家已经逐渐习惯了生病去李春燕那儿打针吃药，有了初步的医疗保障。李春燕，严格地讲不能称作医生，只能叫作"卫生员"，因为她没有编制，不享受国家的工资和其他待遇。由于工作环境差、入不敷出，我国的大部分乡村卫生员已改行或外出打工去了。李春燕也遇到过相同的问题，乡亲们来看病，没有钱付药费，只能记账赊欠。2004年初，一直赔本经营卫生室的李春燕决定关掉卫生室，和丈夫一道去广东打工。当他们正准备出门的时候，闻讯而来的乡亲们正好赶到。村民们掏出皱巴巴的一元、两元钱递给李春燕："李医生你走了，我们可怎么办？这是我们还你的账，不够的我们明天把家里的米卖了，给补上。"李春燕于是没有离开。这是李春燕留在这艰苦的地方做乡村医生以来唯一一想放弃的一次。

正如"感动中国"的解说词所说：她是一位医生，虽然她从来没有机会穿上白大褂，甚至被人在医生的前面还要加上赤脚这两个字；她是一名医生，但是不像很多医生那样，不愁自己的衣食，她一个月也许能收入600多块钱，但是买药以及买相关的一些东西却要花出 900 多块钱，亏空 300 多元，欠债也就越来越多；她是一名医生，自然被患者所需要，但是跟其他的医生比她的患者似乎对她更加需要，这该是一名怎样的医生？

活动体验

利用周末时间对自己所在的社区或村社进行入户宣传垃圾分类处理的有关知识，帮助他们提高垃圾分类处理的意识。

反观自我

案例启迪

2007 年冬天的一个早晨，冰城哈尔滨的天空中飘着漫天的雪花，203 路公交司机滨子走在上班的路上，距单位还差两个街口滨子突然停下来。在他左侧路口，一辆 203 路公交车摇摇晃晃，似乎正准备停下来。要知道，那可是一个十字路口，稍有一些驾驶常识的人都知道这样做意味着什么，何况这样的天气，这样一个正值上班高峰的时候。

滨子的心陡然紧张起来。几辆小轿车急驰而过，似乎为了躲避，公交车速度缓慢，看来并非为了抢道。滨子稍稍放松了紧绷的神经。还好，那辆公交车在拐过路口之后，稳稳地停在了路边。随即，应急灯闪亮起来。乘客们神色慌张、跟跟跄跄地吵嚷着下车。

出问题了！肯定出问题了！

容不得多想，滨子掉转方向，加快脚步。

走到近前，看清楚车牌号，滨子知道驾车人是小兄弟何国强。按理说何国强自打进车队算起来也有五年了，可从来没出过任何事故。至于车，更不可能出现故障，那是车队刚刚买进的最好的一辆车。队长就是因为最信得过他何国强，才让他驾驶。可今天这是怎么了？滨子有些着急……

乘客们已经全部下车。滨子迅速登车查看，"小何，出了什么问题？车子怎么停下来了？"

何国强端坐在驾驶座位上，一动不动，一声不吭。这让滨子有些恼火："怎么回事？说话呀！有啥困难有哥儿们呢！"

滨子边说边拍小何的肩膀。却见何国强双眼紧闭、表情痛苦、身体极其僵硬地靠在椅背上。

"小何！小何！"滨子连声呼喊，却不见对方有任何反应……

救护车第一时间赶到，但何国强最终还是离去了。

经过诊断，何国强是因为突发脑干出血……医生说，脑干出血发病迅速，很快，甚至一两分钟之内病人就会昏迷，病人感觉非常痛苦。同时，病人在发病时极有可能出现头晕、视物模糊、一侧肢体瘫痪等症状……

滨子，一个刚强的东北汉子，面对着众多医生护士哭得不能自已！

他说，他登上车的时候，熄火的公交车已经拉上了手刹。也就是说，何国强在临终的时候，不仅将车安全地停在路边、打开警示灯，还拉起手刹、开了车门。这几个对平常司机来说非常简单的动作，对于何国强来说是何等艰难，那是他克服了身体上多大的痛苦才完成的啊！

用生命来捍卫职责，避免了一场重大事故的发生，挽救了一车人的生命，这不是传说！

分析：何国强，一个平凡的公交司机，用生死之时非凡的抉择向人们诠释了什么是恪尽职守，什么是真正的职业道德。在危急时刻，何国强表现出的不平凡之举，是职业精神的完美体现。正是长期爱岗敬业的自律，使何国强瞬间就作出了可贵的抉择。

活动体验

当奉献精神和自私自利在同一个PK台上，谁才是最后的赢家，为什么？

反观自我

知识探究

长期践行

良好的职业道德行为是长期自觉努力养成的结果，我们要从日常生活中的点滴做起，从现在做起，从我做起。职业道德作为职业素养的重要内容，与各学科、各专业紧密相连，各门学科或专业课在本学科发展中总是体现了某种职业道德精神。我们要重视在专业学习中和社会实践中训练自己的职业道德行为。

案例启迪

公共交通作为城市文明的"窗口"，其服务质量，直接折射出一个城市和公交企业的形象。广西柳州市公共交通有限责任公司第三分公司3308号车驾驶员邓红英，在10米车厢里，创造了不平凡的业绩，成为公交行业传播文明的使者。在2003年、2004年，安全行驶11.2万公里，创收23.95万元，超收8.71万元。在历次的服务、卫生检查中均达100分，成为公司车辆卫生的"免检车"。两年来，她共做好人好事154次，收到乘客代表和群众的表扬信92封（次）。先后荣获自治区"巾帼建功标兵"、柳州市"劳动模范"等荣誉称号，被市民乘客亲切地誉为"微笑天使"。

19路线是城区的主要线路，老、弱、病、残、孕等特殊乘客较多，邓红英努力为他们提供最优质的服务，人到中年的李阿姨，10多年来出门都是坐公交车，她亲眼看见了邓红英许许多多平凡却感人的事迹，主动搀扶老人、残疾人上下公交车，帮助他们找座位，帮农村来的乘客提包，为外地乘客指路等。

"工欲善其事，必先利其器"邓红英为提高驾驶维修技术，与同车组的驾驶员熊秀西一道展开了学技术的竞赛，以此提高整个车组的驾驶维修水平。她亲自钻车底，清洗油箱，调修油电路，如今，她驾驶的3308号车的技术状况是全站最好的车辆之一。她所在的 19 路线也被中国共产主义青年团中央委员会授予"全国青年文明号"的荣誉。

职业道德不是从业人员生来就有的，也不是我们了解了某种职业道德后就能具备的道德修养。我们要把外部的职业道德通过自己的职业活动转化为个人品德。积极参加社会实践，学会知行合一，在体验生活中经常"内省"，向榜样学习。努力做到"慎独"。

陆建新是中建钢构有限公司（总部设于深圳）的一名员工、从深圳国贸大厦起，31 年来参与了我国多座城市地标的建设，他以对工作的认真负责、对技术的刻苦钻研、对岗位的敬业奉献、对业务的精益求精，成为行业工匠精神的标杆。2015 年 9 月，陆建新被中共中央宣传部，国务院国资委评为"国企敬业好员工"荣誉称号。2016 年 4 月 8 日，《深圳特区报》头版刊登了介绍其先进事迹的长篇通讯，引发社会各界的广泛赞誉和热烈反响，他的工匠精神是时代的宝贵财富，也是新时期激励社会前行的正能量。陆建新从 1982 年投身建筑行业以来，用心钻研、大胆创新，攻克了一个又一个技术难题，先后创造了"三天一层""两天半一层"和"两天一层"的中国乃至世界最快的建筑施工速度。陆建新坚持事必躬亲、严谨细致、主动担当，用真诚和实干赢得各界认可。他以身作则、言传身教、无私奉献，对刚入行的年轻人毫无保留地"传帮带"，将自己积累的经验无私地传授给行业新人。

活动体验

你每天都坚持按时起床，按质按量完成作业了吗？

反观自我

_____

_____

_____

第二节　职业习惯

知识探究

每个人平时都有习惯，但不一定是职业习惯，更不一定是符合要求的职业习惯。那么，哪些才是符合要求的职业习惯呢？

第一，早到公司。每天提前到公司可以在上班之前准备好完成工作必需的工作条件，调整好需要的工作状态，保证准时开始一天的工作，才叫不迟到。

第二，搞好清洁卫生。做好清洁卫生，可以保证一天整洁有序的工作环境，同时也利于保持良好的工作心情。

第三，工作计划。提前做好工作计划利于有条不紊地开展每天、每周等每一个周期的工作，自然也有利于保证工作的质和量。

第四，开会记录。及时记录必要的工作信息，有助于准确地记载各种有用的信息，帮助日常工作顺利开展。

第五，遵守工作纪律。工作纪律是为了保证正常工作秩序、维持必须工作环境而制定的，不仅有利于工作效率的提升，也有利于工作能力的提高。

第六，工作总结。及时总结每天、每周等阶段性工作中的得与失，可以及时调整自己的工作习惯，总结工作经验，不断完善工作技能。

第七，向上级汇报工作。及时的向上级请示汇报工作，不仅有利于工作任务的完成，也可以在上级的指示中学习到更多工作经验和技能，让自己得到提升。

案例启迪

现代职业精神的特色是以人的生命信仰的完满实现为职业观的主旨。王均瑶，著名企业家，年仅38岁就英年早逝。作为职业人士的王均瑶，没有树立一个正确的基于生命信仰的职业观，以至于职业与生命、与财富、与家庭的关系分崩离析，最终失衡。

王均瑶先生除了为集团的事每天工作将近18个小时外，还兼任12个社会职务。他留给自己及家人的时间少得可怜，偶尔陪儿子买零食，觉得是"找到了做人的乐趣"。他挣了35亿元，却丢失了自己的生命健康与天伦之乐，对自己人生价值的实现有多大的裨益呢？我们痛心王均瑶式的职业人士仍然层出不穷，我们热切希望这种谋求生命、家庭、财富与职业的平衡的职业精神能在每个职业人士心中扎根。我们也看到，诸如摩托罗拉原中国总裁、英特尔副总裁等全球最卓越的职业人士，奉行的是"生命第一、家庭第二、工作第三"的人生次序，正是这种次序使他们获得了人生与事业的成功，并推动了所在企业的日益强盛。

活动体验

写出你身上符合职业习惯的生活习惯，并相互交流。

反观自我

第三节　职业技能

知识探究

近年来，国家加快了职业教育办学思想、办学体制、培养模式的变革，一个适应社会主义现代化建设需要的现代职业教育体系基本形成。由于明确了"以服务为宗旨、以就业为导向"的方针，职业教育办学思想实现了重大转变，局面豁然开朗，路子越走越宽。掌握一项专业技能对于就业有很大的帮助。

先进的技术可以引进，现代化的管理模式可以借鉴，高精尖人才也可以引进，但大批量的技术工人是不可能引进的，只能靠职业技能教育来培养。越来越多的人开始认识到，有学历，更要有能力，才更具吸引力和就业竞争力。过去，人们过分注重高学历，一说"人才"，往往就想到那些高学历、高文凭的人。

技能型人才供不应求的现象，令人深思。随着我国经济建设、科学技术的快速发展和高新技术应用的日益广泛，新职业、新工种必将不断涌现，每个劳动者只有不断接受职业培训才能适应新的工作和新的形势；就业制度和就业观念变革的催动，随着市场经济体制的逐步建立，我国的就业制度正在发生着根本性的变革，由过去的统包统配转向培育市场导向的就业机制，企业自主用人，劳动者自主择业，劳动者通过劳动力市场实现就业和再就业。这就是一些地区大专毕业生到技工学校或培训机构学习的原因。同时，一种职业定终身的观念和制度也已经打破，主动和被动的职业转换的发生，也要求职业培训及时跟上；随着社会进步和职业培训效果的显现，终身学习终身培训已成为劳动者的追求。

案例启迪

中国儒家称之为"三达德"的"智、仁、勇"当中，智被列在首位。可见智的重要性。

别人可以拿走你的一切，但拿不走你的智慧。一个成功者，并不一定非要有很高的才能，但他必须要有智慧。

犹太家庭里的孩子在成长过程中，负责启蒙教育的母亲们几乎都会要求他们解答一个谜团："假如有一天你的房子被烧了，你的财产就要被人抢光，那么你将带着什么东西逃命？"

孩子们少不更事，天真无知，大多数自然会想到钱这个好东西，因为没有钱就没有吃的穿的玩的。也有的孩子会说是家中珍藏的价值连城的钻石，有了它，还愁缺啥？可这些显然不是他们母亲所要的答案，她们会进一步问："有一种东西是没有形状，没有颜色，没有气味的宝贝，你知道是什么吗？"要是孩子们回答不出来，母亲就会说："孩子，你要带走的不是钱，也不是钻石，而是智慧。因为智慧是任何人都抢不走的，你只要活着，智慧就永远跟着你。"

别人可以拿走你的一切，但拿不走你的智慧。在聪颖、精明的犹太人眼里，任何东西都是有价的，都能失而复得，只有智慧才是揣在自己身上的无价之宝，是他们人生的唯一一枚金币。有了它，才能再去拥有其他的什么东西。

活动体验

我们大家展示一下本周所学的专业技能。

反观自我

知识探究

正确理解职业技能

技能是通过练习而巩固下来的近乎"自动化"了的动作系统，主要包括以下三点。

第一，技能的速度是需要练习的，但不能简单的理解"练习"就能提高技能；

第二，自动化强调是准确、协调，是对动作质量的要求，动作的质量主要表现在动作的反应时间和动作的准确性上。比如，车间主操作人员在操作主要设备时发现工艺指标出现了异常，要在不影响质量的情况短时间内尽快调整或处理，这是个时间要求，在解决和处理问题时而又必须符合岗位操作规范或者工艺操作规程，这是个准确性要求；又如，管理人员在做工作计划时，按照规定时间完成计划的撰写，这是时间要求，计划内容中应完成的任务目标、实施步骤、工作时间、责任人以及完成任务所需资源预算等进行详细描述，这又是准确性的要求。

第三，技能的形成不是由单一的动作组成的，而是由多项动作组合而成，最后所有的动作形成了一个完整的系统。动作系统还分简单的和复杂的，心理学上一般把技能分为动作技能（如操作机器、打字、开车等）和心智技能（如写报告、做计划、沟通、阅读文件、决策等），但两类技能是不能完全分开的，正确的理解是应看哪种活动起主导作用。

案例启迪

张瑞敏，一个喜欢哲学的企业家，一个读了不少书的学者，问及企业家成功的秘诀，他的回答是"不断提高素质"。1984年张瑞敏来到一个亏损147万元、几乎一半人想调走的工厂。过了几年，发生了一个故事：76台"瑞雪"牌冰箱经检验不合格，张瑞敏命令直接责任者自己动手砸毁了这批冰箱。从那时起直到今天，干部汇报工作时如果用了"一切正常"4个字，就被看作不合格，因为他缺乏发现问题，发现矛盾的素质，不能把有可能发生的事故事先处理掉。真正意识到，品质是产品制胜的不二法门，没有产品的质量，就谈不上企业，更不论其他。那么，质量的来源在哪里？归根结底还是在人，人是生产的源泉。只有将品质的观念成功灌输给职工，产品的品质才能真正落实到实处。

活动体验

利用向成功人士请教、网上查阅资料等途径，了解提升职业技能的重要性和方法，整理出来，大家分享。

反观自我

知识探究

职业能力的重要性

每个职业都需要一定的特殊能力，如行政人员要有较强的沟通、协调能力，信息收集和分析能力；销售人员要有优秀的观察能力和语言表达能力；教师要有良好的语言表达能力，教学组织和管理能力，对教材的理解和使用能力；外科医生要有突出的眼手运动协调能力和逻辑推理能力。如果说职业兴趣或许能决定一个人的择业方向，以及在该方面所乐于付出努力的程度，那么职业能力则能决定一个人在既定的职业方面是否能够胜任，也能说明一个人在该职业中取得成功的可能性大小。

职业能力主要是指认知能力、文字语言表达能力、空间认知能力、手眼协调能力等。此外，任何职业岗位的工作都需要与人打交道，因此，人际交往能力、团队协作能力、对环境的适应能力，以及遇到挫折时良好的心理承受能力都是我们在职业活动中不可缺少的能力。面对全球化、信息化的竞争，计算机应用能力和外语交流能力也逐渐会成为一般职业所需要的能力，决定着一个人将来职业选择的空间和灵活性。一般职业能力是每位职场人士都需要具备和不断提高的能力，是职场成功的基础，故需要我们在日常学习、生活和工作中不断积累提高。

案例启迪

港珠澳大桥连接珠海、中国澳门和中国香港，是迄今为止世界上施工难度最大的跨海大桥，在建设现场，有这么一个人，他的一双手让两个平面严丝合缝，用一把扳手能使螺丝间隙小于一毫米，凭着这两项绝技，他安装的精密设备成功完成了 16 次海底隧道对接。港珠澳大桥工程最大的挑战是用 33 节水泥沉管对接一条 5.6 公里的海底隧道。一节沉管长 180 米，宽 38 米，高 11.4 米，重量近 8 万吨，相当于 8 万辆小轿车的重量，这么重的东西下沉到四五十米的深海中与另一根对接，误差要以毫米计算。管延安正在安装的设备叫截止阀，它的作用是控制入水量，调节下沉速度，从而让两节沉管在深海中精准对接，要做到设备不渗水不漏水，安装接缝处的间隙必须小于一毫米。凭着手上的感觉，就能判断一毫米的间隙，从 2013 年港珠澳大桥完成第一次海底隧道对接到现在，经管延安的手安装的设备已经成功对接 16 节海底隧道，操作零失误。

有匠心，就一定能实现心中梦想；有匠心，就一定能锻造"中国品质"；有匠心，"中国制造"就一定能飞得更高。

大国工匠，匠心筑梦。有的人能在牛皮纸一样薄的钢板上焊接而不出现一点漏点，有的人能密封精度控制到头发丝的五十分之一，就拿中国航天科技集团一院火箭总装厂高级技师高凤林来讲，他给火箭焊心脏，是发动机焊接的第一人。0.16 毫米，是火箭发动机上一个焊点的宽度；0.1 秒，是完成焊接允许的时间误差，如此高的焊接技术，令人折服。

活动体验

诸葛亮忠告孩子要计划人生，不要事事讲求名利，才能够了解自己的志向，要静下来，才能够细心计划将来。面对未来，你有理想吗？你有使命感吗？你有自己的价值观吗？请大家分享一下你的价值观。

反观自我

_____
_____
_____

知识探究

专业技能形成过程

形成一项技能一般要经过三个阶段。

第一个阶段是掌握局部动作阶段。任何一种事物，我们都应按照一种分解和细化的思想来分析和解决。这个阶段强调的是分解后的动作或内容比较简单，学起来也比较快，虽然会出现许多不协调现象，但这时千万别灰心，坚持练习，我们就会发现各个动作之间存在一定的联系。第二个阶段是动作交替阶段，这个阶段我们就会开始注重动作与动作之间的相互协调性。第三个阶段是协调完善阶段，这个阶段由于注意范围扩大了，就能根据条件变化准确而迅速地完成活动。

錾刻是我国一项有近3000年历史的传统工艺，它使用的工具叫錾子，上面有圆形、细纹、半月形等不同形状的花纹，工匠敲击錾子，就会在金、银、铜等金属上錾刻出千变万化的浮雕图案。孟剑锋和其他技工一起，熔炼、掐丝、整形、錾刻，敲击不同的錾子，就会在金属上留下不同的花纹，一件件精美的作品就这样在他们手里诞生了。

北京APEC会议上送给外国领导人和夫人的国礼中有一件看起来是草藤编织的果盘，里面有一条柔软的银色丝巾，丝巾上的图案清晰自然，赏心悦目。为了分别做出果盘的粗糙感和丝巾的光感，孟剑锋反复琢磨、试验，亲手制作了近30把錾子，最小的一把在放大镜下做了5天。开好錾子仅仅完成了制作国礼的第一步，最难的是，在这个厚度只有0.6毫米的银片上，有无数条细密的经纬线相互交错，在光的折射下才形成了图案，而这需要进行上百万次的錾刻敲击。"一定是一次就錾到家，不能半途停，你停了再起錾子的时候跟上一次尾部的那个錾子印不太一样。"追求极致，这是孟剑锋给自己提的标准。支撑果盘还需要4个中国结作为托儿，工艺标准并没有规定它们必须是手工加工。技师们准备用机械铸造出来，再焊接到果盘上，但是，铸造出来的银丝上有砂眼，尽管极其微小，孟剑锋心里却怎么也过不去这道坎。在他心目中，没有瑕疵，并且是纯手工，这才配得上做国礼。

活动体验

诸葛亮忠告孩子宁静的环境对学习大有帮助，当然如果配合专注平静的心境，就更加事半功倍。诸葛亮不是天才论的信徒，他相信才能是学习的结果。你是否有全心全力地学习？你是否相信努力才有成就？

反观自我

_____
_____
_____

知识探究

掌握专业技术技能

　　职业技能是一个从业者最基本的职业素养，职业技能是标志着一个从业者的能力因素能否胜任工作的基本条件。专业技术能力是指从事职业活动所必需的知识和技能，以及运用已经掌握的知识和技能解决生产实际问题的能力。专业知识是指从事某一专业工作所必须具备的知识，掌握专业知识是培养专业技能的基础；掌握专业技术技能是中职学校学生的基本任务和基本素养，如果动手能力不强，只掌握专业理论知识就等于纸上谈兵，是不能胜任实践工作岗位的。只有理论知识而无专业动手能力的人将被淘汰。要使自己能在职业活动中为社会做出更大的贡献，就必须掌握一定的技术技能。要掌握专业技术技能，认真学习专业技术理论知识，做到"应知"。同时，必须加强专业技术技能训练，做到"应会"。把学到的专业技术理论转化为技能技巧，关键在于理论联系实际，积极参加实习、实验和社会实践，多动手、勤操作，不放过任何一次动手机会，将技术理论变成自己的生产和工作能力。勤学苦练，精益求精，向一专多能发展。取长补短，向一切有经验的人学习。由于科学技术发展迅速，新工艺、新技术层出不穷。在刻苦学习的同时，应不断吸收国内外先进技术和经验，取长补短，不断提高、完善自己，为了做好本职工作，要尊重同行，虚心请教，互相切磋，潜心钻研，使自己成为行业的技术能手。

案例启迪

　　1986年，周东红怀揣一颗火热的心来到中国宣纸集团公司（泾县宣纸厂）走上了捞纸这个岗位。在宣纸行业中，捞纸是技术性极强的工种之一，既要吃苦耐劳，又要心灵手巧。两人常年围在水泥纸槽边，面对一纸槽的宣纸浆，两人共同抄起帘床在水里捞纸，不断将捞好的湿纸页放到旁边的纸板上，在抬手、弯腰、转步中控制着宣纸的基本质量。整个过程需要操作工既能耐得住寂寞，又要有一双火眼金睛，在不同的光线下，不同的季节中，将宣纸的厚薄掌握得非常精到。周东红选择了这个职业，一做就是20多年。

　　在周东红真正掌握捞纸技巧的第二年起，每年至少要完成130%的生产任务。而完成这些生产任务需要耗去每天的大半时间。捞纸工在正常的班次除去吃饭占用的时间外，平均每小时只能保持100张的生产进度，一般的品种生产任务是800张成品/天。如果技术不好的捞纸工，再遇上一个技术不好的晒纸工，每天捞1000张纸也完不成基本生产任务。按照生产进度，一个普通的捞纸工完成基本任务就意味着至少需要10个小时。而周东红30年如一日，每年都能保持完成生产任务的130%，这就意味着他每天需要在纸槽边站14个小时左右，每天需要在凌晨3点就进入工作岗位，到下午5点才能离开，30年来，他到底加了多少班，连周东红自己也可能难以一口回答，可能也只有他的手知道。他的手由于长年累月泡在水里，烂了又烂，只有在每年春节放假的时间才能得到休息，一转眼就是 30 年。

活动体验

大家在学好理论的同时加强训练自己的实际操作能力，每个月开展一次"技能标兵"的评选活动。

反观自我

知识探究

如何提升职业技能

坚持——最后攀上顶峰的人，无一例外都是那种"不抛弃，不放弃"的人，投机取巧者会半途落马。从这个意义上讲，做人无论对职业还是对人生，都应该有投资的态度。投资并非投机。投资才有可能成功，投机不能长久。

危机感——如同秦始皇所言："养士如养鹰。"不能给鹰吃的太饱，太饱就会缺乏斗志。在这一点上，无论客户管理还是内部管理，都是一样的。因此，同学们在成功就业时，也应该具备这样的危机感，时时努力，不断进步。

主动性——作为员工，你的使命是帮助企业解决问题，而不是一味地抱怨工作环境、不断提出问题。拿几个行业内的小道消息来危言耸听，或者一知半解地向领导提出几个问题，绝对不是职业的表现。出题谁不会呢？问题是，你是否知道该如何解决它们。记住，解决问题是你在任何企业立于不败之地的法宝，而不是提问题。一个光会提出问题、品头论足、横加指责的人，一定是个饭桶。任何公司求贤若渴的，都是能解决问题的职业人士。

案例启迪

"蛟龙号"安装的难度是在球体跟玻璃的接触面，要控制在 0.2 丝以下。顾秋亮在整个试验和装配过程中，每天工作到凌晨，双休变成单休，周六加班，这些都是常事。除了依靠精密仪器，顾秋亮更多的是依靠自己的判断。他即便是在摇晃的大海上，纯手工打磨维修的潜水器密封面平面度也能控制在两丝以内。

顾秋亮锉到"丝"级别的这手绝活，曾震惊了国内机械圈。有人请他出去工作，开出的薪水相比当时的物价简直就是天价：先给 6 万元，之后每月工资 500 元，但被那时每月工资不到百元的顾秋亮拒绝了。

刚参加"蛟龙号"项目时，他原来所在的实验室一直希望他回去，收入能多一半，这对于他这个单职工、女儿上学急需用钱的家庭来说，能起不少作用，但他一想到自己的使命，还是坚持了下来。顾秋亮参加装配的"蛟龙号"离开了702所，正式安家在青岛国家深海基地码头。而另一项任务又下达到顾秋亮等人的肩头——组装中国首个自主设计制造的4500米载人潜水器。

活动体验

说出你提升专业技能的措施。

反观自我

知识探究

如何提高操作技能

在职业技能中，技能训练是一个重要的环节，需要注意几个方面的具体问题：明确训练的目的和要求及相关的基础知识；正确的训练方法；有计划、有步骤地进行训练；健康的身心是技能学习的基础保障。

技能训练，是动作技能的学习。动作技能是人类在漫长的社会生活和实践活动中积累的经验总结，是社会经验的重要组成部分。学习中动作技能的学习往往与认知学习交织在一起。因此，学习文化知识和智慧技能的获得过程，要懂得动作技能形成的过程与特点，才能有效地学习动作技能，熟练掌握相应的职业技能。技能训练是一个重要的环节，不同专业都有相应的技能训练内容。技能训练的内容在整个体系中占有日益重要的地位。技能的掌握不是一个孤立的过程；每一项技能都有其特殊性，其难易程度、学习方法都有所差异。

总之，动作技能的学习，需要从领会动作要点和掌握局部动作开始，到建立动作连锁，最后达到自动化的复杂过程。因此，为了提高训练的效果，要不断地在学习中扩展自己的知识面，发展自我智力水平，培养热爱职业的情感、战胜困难的意志以及良好的个性心理素质，只有这些方面都得到优化，共同发挥作用，技能训练才能取得良好的效果。

案例启迪

南车青岛四方机车车辆股份有限公司高级技师——宁允展，他是CRH380A的首席研磨师，是中国第一位从事高铁列车转向架"定位臂"研磨的工人，被同行称为"鼻祖"。从事该工序的工人全国不超过10人。他研磨的转向架装上了644列高速动车组，奔驰8.8亿公里，相当于绕地球22000圈。

活动体验

锻炼好身体，增强体质并给自己制定一个技能训练的计划，同桌之间相互交流并相互监督落实训练计划。

反观自我

_____
_____
_____

知识探究

打造个人专业技能

工作中的任何事情都要持之以恒。每个人接触新工作都会觉得有些无所适从，不知道怎么开始着手，其实这个问题相信大家都体会得到，这主要归结于自己对新事物的不了解，新的工作环境一切都要重新去适应，所以新到一个公司一定要好好表现，做事要踏实肯干，这样总会慢慢适应你的工作了。

遇到挫折要坚持，突破自己的瓶颈。工作中经常会遇到很大的问题，自己慌乱不知如何去解决，这时一定要放平心态，让自己以平静的心态去面对问题，并暗示自己这是一个不错的突破自己的机会，努力去做，凡事只要付出了，必然会有很大的收获。

多请教他人工作的经验和方法。好多同事都是身经百战的，特别是领导和上司，他们一定有很多值得你借鉴和学习的地方，所以一定要多向他们去请教，多去学习他们好的处事方式和工作习惯，对于提升自己职业能力也是有很大帮助的。

给自己定下一定的目标，不断激励自己去完成这个目标。人生都是要不断追求自己的理想和目标的，工作也是如此，给自己时常定一些合适的目标和计划，并保证自己按时保质地去完成它，这对自己的能力培养是一个非常好的方法，通过不断的完成自己的任务和目标，自身的能力也会慢慢提升起来。

多注意休息，养精蓄锐才能好好工作。一定要注意自己的身体，俗话说，身体是革命的本钱，所以一定要保持健康的身体和良好的心态，工作之余多去参加一些有益的活动和聚会等，放松身心，以便休息之后更好地投入工作。

案例启迪

胡双钱是一位拥有非凡技术的匠人，至今，他是一名工人身份的老师傅，但这并不妨碍他成为制造中国大飞机团队里必不可少的一分子。2006年，中国新一代大飞机C919立项，对胡双钱来说，这个要做百万个零件的大工程，不仅意味着要做各种各样形状各异的零件，有时还要临时救急。一次，生产急需一个特殊零件，从原厂调配需要几天的时间。为不耽误工期，只能用钛合金毛坯来现场临时加工，这个任务交给了胡双钱。任务难度大，令人难以想象："一个零件要100多万元，关键它是精锻出来的，所以成本相当高。

因为是有 36 个孔，大小不一样，孔的精度要求是 0.24 毫米。"0.24 毫米，相当于人头发丝的直径，这个本来要靠细致编程的数控车床来完成的零部件，那时只能依靠胡双钱的一双手和一台传统的铣钻床。仅用了一个多小时，36 个孔悉数打造完毕，一次性通过检验，也再一次证明胡双钱的"金属雕花"技能。

活动体验

　　走访同行的前辈，请教他们的工作经验和方法，结合自己的实际情况制定一份合适的工作目标和计划。

反观自我

第六单元
创业发展

科技每天都在创造新的市场，越来越多的利基市场快速出现，但并没有被满足。而对于中职毕业生，这是个前所未有的好时代。长尾效应创造了这个时代的三个特点：

第一，生产工具的普及化，产品创造的成本在降低。廉价的工具也使得在前期资本很少或没有资本的情况下，公司可以出现在任何地方。扎堆在人口密集的城市中心就意味着激烈的竞争，但人们也可以自由选择竞争程度较低的地方。

第二，传播工具的普及化，人人都可以是传播者。进入市场的难度和成本达到了有史以来最低点。由于数字分销渠道不断出现，所有人都有机会发出自己的声音。而大家所要做的，就是更新的创意，更有趣的方式和可持续性的内容产出。

第三，每天都有新市场出现，更多的新市场愿意生产、购买、使用新产品。在所有的市场中，利基需求的人数已经多于主要市场参与者了。所以，更多机会留给了那些发现新市场、满足新市场的人。

这三个特点驱动了阶梯式创业的出现。潜在需求和较低的门槛令更多的人得以轻松上手，成为创业者。这并不是说创业很简单，创业者仍然需要攀登阶梯，但不再需要一步到位。源自科技的发展和不断出现的新市场，创业正变得更加安全、门槛更低、更加赚钱。但你仍然需要提升自己的一些能力，比如：你有自己的计划和目标，然后去做。

第一节　创业创新

知识探究

李克强总理在 2020 年政府工作部署中再次强调保障就业和民生。

在政府工作部署中，我们也可以看到 2020 年政策指向：

第一，放宽小微企业、个体工商户登记经营场所限制，便利各类创业者注册经营、及时享受扶持政策。

第二，支持大中小企业融通发展。完善社会信用体系。以公正监管维护公平竞争，持续打造市场化、法治化、国际化营商环境。

第三，推动中小银行补充资本和完善治理，更好服务中小微企业。改革创业板并试点注册制，发展多层次资本市场。

第四，促进人才流动，培育技术和数据市场，激活各类要素潜能。

第五，深入推进大众创业，万众创新。发展创业投资和股权投资，增加创业担保贷款。深化新一轮全面创新改革试验，新建一批双创示范基地，坚持包容审慎监管，发展平台经济、共享经济，更大激发社会创造力。金融支持创业。

活动体验

通过走访、查阅资料等方式写一份关于创业的社会调查报告。

反观自我

_____
_____
_____

第二节 创业成功

知识探究

就业与创业的区别从字面上理解，前者是在别人的事业中寻找工作机会，为别人打工。后者是自己创造事业，为自己打工。很多新手创业往往是因为拥有专业的技术，但是人脉和资本就比较欠缺了。最好是先就业，以此来锻炼自己适应社会的能力，积累一些经验和资本，为以后的创业打基础。中职生的创业更需不畏艰难，坚定信念，看清创业形势，然后抓住机遇，适时出击。

案例启迪

张昕毕业没几年，开了家农产品店，继而又开办"绿悠悠"电子商务网站，称得上是首批蔬菜农作物"网上超市"之一。近日，"绿悠悠"网站引进风险投资，创业前景看好。

张昕在中职校学的是计算机专业。毕业那年，他集结同学中的"电脑高手"组建了学校第一间"设计工作室"，当时接洽了几宗"大生意"，帮索尼等企业制作官方网站。毕业后，他开了家IT公司，从事广告设计。

后来，和朋友思想"碰撞"后，张昕想在"网上超市"进行尝试。张昕做了小型的市场调查，发现当时淘宝等电子商务网站上农产品还是个空白点，因为它的网上购物人群还没形成。家庭买菜的多以老人为主，他们不是网络购物的主力消费者。于是，张昕把创业范围缩小在"有机蔬菜"领域，定位于白领家庭。2008年初，张昕投资30万元，在安远路开了间180平方米的"绿悠悠"农产品店。

因为年轻，张昕的想法与众不同。一次市场考察中，一位负责人向他介绍：他们那儿的鸡蛋是绿色的壳，蛋清和蛋白更有营养。民间有一种说法更吸引人：土鸡中极少有产绿壳蛋的，母亲都留给最疼爱的孩子和最尊敬的老人食用，因为它能提高小孩免疫力，治疗老人头晕、目眩等疾病。张昕听后顿受启发——现在卖东西都是卖商品，我能不能"卖故事"？

回上海后，张昕将店里几十种商品一一归类，从网上搜集了从产地到用途等的各种信息，编成一个个"产品故事"，教消费者怎样从颜色、大小、形状等细节分辨农产品的好坏，并把一些有机农作物和各项身体健康指标"对号"，比如东北某个品牌的黑木耳吃了可以软化血管等。

赋予商品故事和文化后，消费者的认可度马上提高了不少，两个月后销售额就突破了40万元。在张昕的店里，商品旁边不再是单一的价格标签，还有五颜六色的"故事牌"，方便消费者挑选适合自己的种类。

专家支招：创业必须具备三个条件。第一，对公司经营业务应有比较成熟的想法。第二，应具备资金。无论公司经营何种业务，都需要资金支持，才能得以顺利运转。第三应聘用人员。创业者应招聘人员协助完成力所不能及的工作。作为一个创业者，最核心是状态是主观能动性，即自我意识、创业意识与坚定的信念。只要创业者能坚持，并能懂得思考与执行，他终将成功。

活动体验

你准备创业吗？结合自己实际谈谈自己创业会成功吗？

反观自我

第三节　创新实践

知识探究

现代社会离不开创新，因为无论是对一个社会还是对一个企业，创新都是唯一能够长期持续的竞争优势。从根本上说，价值源于创新。创新以及由创新引发的产业和技术革命所能够创造的价值要远远大于重复性劳动所能创造的价值。正因为如此，几乎所有现代企业都把创新摆在企业发展的最核心位置，包括中国在内的绝大多数发展中国家也都把自主创新视为可持续发展的根本动力。

但是，科研领域和产业界往往会有一种"为了创新而创新"的倾向。许多研发成果只是片面地追求"科技领先"或是"概念独特"，许多研究员只是追求发表论文而不考虑创新的结果是否能很好地解决实际问题，是否能被大多数用户接受。

案例启迪

某公司领导一个研发团队开发了一个非常酷、非常棒的三维浏览器，也赢了很多大奖。但当时只顾埋头创造，却没有做好市场分析和调查，看一看这么酷这么棒的浏览器在市场上到底能否被普通用户接受。结果，因为该产品没有市场，这个创新无法为公司创造任何价值，产品等于白做了。公司不得不把部门卖掉，解散了部门里的100多位员工。从这个惨痛经验的教训就是：创新必须为实践服务，"为了创新而创新"是没有任何意义的。"重要的不是创新，而是有用的创新"，我们不能因为"新"才去做一件事，而要看它究竟有没有实用价值，究竟能不能解决实际问题，并被用户所接受。

反之，在实践过程里，我们也不能只局限于重复性的工作，而应当时时不忘创新，以创新推动实践，以创新引导实践。只有不忘创新，实践工作才能充满活力和激情，才能不断研发出卓越的产品。

活动体验

创新离我们很遥远吗？我们中职生如何提高自己的创新实践能力？

反观自我

_____
_____
_____

第四节　合作创业

知识探究

合作创业最重要的就是有共同的目标，只有共同的目标，创业者与合伙人才能够共同克服创业之路所遇到的挫折与困难；如果没有共同的目标，当遇到需要作出重大决策或者是遇到难题时，创业者与合伙人之间意见很难统一，无法制定最恰当的策略，对公司的发展有很大的阻碍。

案例启迪

小章和小尚是高中同学，高考时两人考取了同一所地方专科学校。毕业后，两人分别在不同的单位就职。但没过多久，小章所在的国有企业因经营管理不善被迫破产重组。小章只好选择孤身一人来到上海寻求发展。期间他凭借自己的英语专业知识在上海找到了一份翻译工作，工作的同时还参加了对外经贸大学的业余学习来提高自己的英语水平。

不料，小章工作的翻译公司因股东矛盾，最终同样被宣布解散。他又一次面临着失业，但这次他再也不用像以前那样焦虑不安——他已经充分了解了翻译公司的整个操作环节，同时，他的业余学习也圆满结束。

此时，小章向远在异地的小尚发出了邀请，建议小尚移师上海，两人合作创办属于自己的翻译公司。其时，远在外地的小尚经过多年发展，已经有了初步成果，他也希望为自己找到一个更好的发展平台。于是，两人一拍即合，小尚带着5万元积蓄来到上海，小章则集合自己原来的同事，启动自己积累的资源，满怀激情地开办了翻译公司，走上了自主创业之路。在公司的经营中，两人的合作进展顺利，小尚宽厚机敏，负责公司业务的开拓，小章严谨细致，专业水平高，负责公司业务的实施。经过一段时间的磨合，他们两人相得益彰，公司经营很快就步入了正轨。

短短两年，两人的翻译公司在业内站稳了脚跟，创出了品牌，业务也由单纯的翻译服务，扩展到投资咨询、国际贸易，业务范围由上海扩展到了北京、西安和天津。憧憬未来，小尚满怀信心："下一步的重点，我们要注重品牌的打造和提升，要通过全国范围内的特许专营，使公司得到快速发展。"而刚从欧洲考察归来的小章则气魄更大，他把国外的先进经营理念融入自己的公司之中，稳定现有服务业务，积极扩展新的业务领域，迎合WTO新形势，开拓国际贸易新天地。

活动体验

我们创业时会选择与人合作吗？与哪一类人合作成功机会更大？

反观自我

第七单元
行政科普

第一节 人事档案

知识探究

人事档案里面有你各个时期的学籍卡、成绩单、各方面的评语、获奖证明、还有你的党团材料。这些都是原始材料，不可复制，一定要重视自己的档案。

按国家政策规定，组织、人事部门所属的各级人才交流机构才有资格保存大中专毕业生就业后的人事档案，各种私营民营企业、乡镇企业、中外合资、独资企业都无权管理员工的人事档案，一般由委托的各级人才交流机构托管。毕业生也可以以个人名义委托人才交流机构托管人事关系。

案例启迪

高校毕业生最容易出现三种档案问题：一是留在自己手上，成了不被承认的"死档"；二是把档案托管到相关机构，从此置之不理，直到用时才回头查找；三是毕业时未办任何手续，任档案"自由飞翔"。

王先生2006年大学毕业，先是在深圳一家电子企业工作，他并没有在这家单位长期工作的计划，因此没有到单位人事部门办理档案寄存手续，而是把户口和人事档案从学校"弄"出来，放在自己家里。直到前不久，王先生返回家乡长沙找到了一份稳定的工作，单位要求他提供人事档案办理社保，他从家里翻出了放置5年的档案。可是，相关部门告知，私自保存的档案，是不被承认的，不能给他办理社保。

在这里，提醒大家在档案转递时要注意几点：①在没有搞清楚用人单位是否具有人事主管权之前，不要把档案转入这个单位，应该把档案转递到这个单位所在地的人才交流中心去。以免档案丢失或被扣住不放。②要询问清楚用人单位的性质，弄清可否接收档案。各类非公企事业单位、各类民营机构是无人事管理权的，要通过人才交流中心来接收学生，学生的档案要放到人才中心去。③档案的转递是有规定程序的，在离开学校之前最好弄清楚你的档案在什么时间被转到哪个地方去了，最好一步到位。

活动体验

我们大家有档案吗？我们的档案在哪里？档案的内容可以更改吗？

反观自我

第二节 户籍改革

知识探究

2015年5月8日国务院同意国家发展和改革委员会《关于2015年深化经济体制改革重点工作的意见》，其中第二十二条规定：抓紧实施户籍制度改革，落实放宽户口迁移政策，完善配套措施，建立城乡统一的户口登记制度。出台实施居住证管理办法，以居住证为载体提供相应基本公共服务。制定实施城镇建设用地增加规模与吸纳农业转移人口落户数量挂钩政策。研究提出中央对地方转移支付同农业转移人口市民化挂钩机制的指导意见。

国务院印发的《关于进一步推进户籍制度改革的意见》（以下简称：《意见》），提出要建立城乡统一的户口登记制度，要进一步调整户口迁移政策，并对建制镇和小城市、中等城市、大城市、特大城市的户口迁移政策提出了明确要求，户籍改革的"时间表"呼之欲出。

在山东师范大学人口资源与环境学院张晓青教授看来，此次出台的《意见》，具有一定的现实和指导意义，不仅将推动一亿农业转移人口和其他常住人口的市民公共服务和消费模式转换，还将实现进城务工农民与城镇生活方式的真正融合，即促进农民工市民化进程、新型城镇化进程，推动大量进城务工农民消费模式的转变，将大大促进经济增长。"户籍改革和土地改革是新型城镇化的制度基石。户籍改革的推进，将促使农地确权等基础工作的进程进一步加快，保障城镇化进程中的农民权益。"

取消"农"与"非农"，是这次户籍改革中最为引人注目的一个亮点。但是要将此变成现实，还任重而道远。在张晓青看来，户籍制度改革伴随的财政政策改革尤为关键。"户籍改革多年来难以取得根本突破的重要原因之一，是无法解决公共服务均等化的成本问题。《意见》中指出，"建立财政转移支付同农业转移人口市民化挂钩机制，中央和地方按照事权划分相应承担和分担支出责任。"

对于进城务工的人员在城市落户来说，土地权益的保护是非常关键问题，除此以外，进城落户农民在养老、教育、医疗、就业等方面也面临诸多问题，这些问题的解决也牵涉诸多政府部门。所以户籍改革不能就户籍改户籍，更需要的是与户籍制度相联系的城乡土地、保障、福利、公共服务、就业、财政等制度联动配套地开展改革。否则，户籍改革难以推进。

活动体验

大家百度了解我国户籍改革的具体内容。

反观自我

第三节　养老保险

知识探究

2014年2月21日国务院通过《关于建立统一的城乡居民基本养老保险制度的意见》决定："2020年前，全面建成公平、统一、规范的城乡居民养老保险制度。""年满16周岁（不含在校学生），非国家机关和事业单位工作人员及不属于职工基本养老保险制度覆盖范围的城乡居民，可以在户籍地参加城乡居民养老保险。""城乡居民养老保险基金由个人缴费、集体补助、政府补贴构成。""城乡居民养老保险待遇由基础养老金和个人账户养老金构成，支付终身。""参加城乡居民养老保险的个人，年满60周岁、累计缴费满15年，且未领取国家规定的基本养老保障待遇的，可以按月领取城乡居民养老保险待遇。"

案例启迪

一、养老保险金的缴费方法

职工养老保险分两部分：单位缴费每月按缴费工资基数的28%、20%、14%等（多少按企业的性质不同而决定：国有企业、集体企业按28%、外资企业按20%、个体工商员工按14%）；个人缴费每月按个人缴费工资的8%进行缴费（"缴费工资"是上年的单位个人月平均工资）。

二、个人账户构成

按职工缴费工资的11%为其建立基本养老保险的个人账户，其中8%为个人缴纳、3%为单位缴费28%中的3%。另外单位缴费的25%划入社会养老保险基金。

三、基本养老金的领取

领取地点一般为户籍所在地，领取条件是缴费15年且达到退休年龄（男满60岁，女满50岁），要同时满足这两个条件才可以领取。

四、养老金的发放

改革之后，机关事业单位工作人员的养老金按照"老人老办法，新人新办法"来发放（在 2014 年 10 月 1 日之前已经退休的"老人"，还和以前一样，维持原待遇不变。2014 年 10 月 1 日之后参加工作的"新人"，完全按照新办法实施），情况最复杂的是单位的"中人"（2014 年 10 月 1 日之前参加工作，10 月 1 日之后退休的这部分人），在《决定》中，改革前算作"视同缴费"。"中人"又分退休时人缴费年限累计不足 15 年的"中人"和缴费年限累计满了 15 年的"中人"两种。因为这次改革设定了一个过渡期，因此缴费年限累计满了 15 年的"中人"，在过渡期内，还会依据视同缴费年限长短等因素发给过渡性养老金。

活动体验

大家今年参加社保了吗？用手机给自己申请电子保险卡。

反观自我

_____

_____

_____

第四节 教师资格

知识探究

教育部公布的《中小学教师资格考试暂行办法》（以下简称《暂行办法》）规定，教师资格证考试改革从 2015 年正式实施：实行全国统考，由教育部考试中心统一制定考试标准和考试大纲，组织笔试和面试试题，并建立试题库。

按照教育部的要求，师范毕业生不再直接认定教师资格，统一纳入考试范围。教师资格考试合格证明有效期为 3 年。教师资格取消终身制。转为需要定期注册，而中小学教师资格注册周期为 5 年。

案例启迪

《暂行办法》规定：参加教师资格考试合格是教师职业准入的前提条件。

教师资格考试实行全国统一考试。考试坚持育人导向、能力导向、实践导向和专业化导向，坚持科学、公平、安全、规范的原则。

教师资格考试包括笔试和面试两部分。笔试主要考查申请人从事教师职业所应具备的教育理念、职业道德、法律法规知识、科学文化素养、阅读理解、语言表达、逻辑推理和信息处理等基本能力；教育教学、学生指导和班级管理的基本知识；拟任教学科领域的基本知识，教学设计实施评价的知识和方法，运用所学知识分析和解决教育教学实际问题的能力。采用计算机考试和纸笔考试两种方式进行。面试主要考查申请人的职业认知、心理素质、仪表仪态、言语表达、思维品质等教师基本素养和教学设计、教学实施、教学评价等教学基本技能。面试采取结构化面试、情景模拟等方式，通过抽题、备课（活动设计）、回答规定问题、试讲（演示）、答辩（陈述）、评分等环节进行。国家确定笔试成绩合格线，省级教育行政部门确定面试成绩合格线。教师资格考试合格证明是考生申请认定教师资格的必备条件。

近日重庆市教委公布了中小学教师资格考试改革试点工作实施细则，细则规定，2016年秋季（含）以后入学的全日制普通院校师范类专业学生，毕业后不再直接认定教师资格，若申请教师资格，则要参加国家教师资格统一考试。不得组织教师资格考试培训。考试暂定一年两次，笔试一般在每3月和11月举行，面试一般在每年5月和12月举行。须通过中小学教师资格考试网进行报名。笔试单科成绩有效期为2年，教师资格考试合格证明有效期为3年。

活动体验

大家谈谈教师应该具备哪些专业素养？

反观自我

_____
_____
_____

第五节 退休方案

知识探究

中央关于2015退休年龄延5用10已敲定。从2015年开始，1965年出生的女性职工和居民应当推迟1年领取养老金，1966年出生的推迟2年，以此类推，到2030年实现女性65岁领取养老金。从2020年开始，1960年出生的男性职工和居民推迟6个月领取养老金，依此类推，到2030年实现男性职工和居民65岁领取养老金。

案例启迪

对于推迟退休年龄的探讨

我国现行的法定退休年龄规定始于20世纪50年代：男职工的退休年龄为60周岁，女职工为50周岁，女干部的退休年龄提高至55周岁。但是随着我国人民的生活水平不断提高，我国人口平均寿命也随之提高，因而对于劳动者退休年龄的推迟问题摆上了桌面。

具体的方案如下：劳动和社会保障部社会保险研究所早在 2000 年提交的报告《中国养老保险基金测算与管理》中就建议，国家应尽快确定推迟退休年龄方案。第一步，用五年时间清理和取消提前退休的工种，基本达到严格按法定退休年龄执行；第二步，用五年的时间取消女工人、女干部退休年龄的差别，女职工一律 55 岁退休；第三步，用十年时间初步将退休年龄推迟至 65 岁。

为什么要推迟劳动者的退休年龄呢？具体的原因有以下几点：

第一，我国退休制度已严重滞后于经济、社会发展的客观需要。60 多年来，我国人均寿命已从 20 世纪 50 年代的 40 岁左右，提高到现在的 72 岁左右。现行退休制度不能完全与劳动力市场配套，致使大批人力资源的浪费。同时，偏低的法定退休年龄和较高的人均寿命间的反差，加剧了养老保险金的费用支付压力。

第二，提前退休问题比较突出。许多企业把提前退休制度作为企业的一种激励性政策，通过提高自然减员的速度来提升企业的效率。还有很多非特殊行业也办理"提前退休"，与国家制定"早退"的初衷相悖。提前退休对养老保险来说，意味着缴费人数的减少和领取养老金人数的增加。

第三，人口老龄化的迫切要求。自从 2000 年我国老龄人口占总人口的 10.6%，我国进入老龄化社会。劳动力萎缩，养老、医疗保险的压力也不断加大。

活动体验

大家讨论发言延迟退休会影响我们的就业吗？

反观自我

_____
_____
_____

第六节　法律解读

不管是初入职场的新人，还是职场混迹已久的劳动者们，都需要了解一些职场法律知识。我们在守法的同时，也要懂得运用法律武器来保障自己，避免自身权益受到侵害。本章以《中华人民共和国劳动合同法》为依据，解析职场中常见的法律问题。

知识探究

《中华人民共和国劳动合同法》第九条

用人单位招用劳动者，不得扣押劳动者的居民身份证和其他证件，不得要求劳动者提供担保或者以其他名义向劳动者收取财物。

案例启迪

【案情摘要】蔡小姐为某国有大型商场营业员，该商场与蔡小姐签订劳动合同时，要其必须先交纳3000元押金，否则不予签合同，蔡小姐无奈之下交纳3000元押金后与该商场签订了为期5年的劳动合同。后听朋友说商场收取押金的做法违反了《中华人民共和国劳动法》的有关规定，便要求商场退回其所交纳的押金，遭拒绝。商场负责人还威胁说，若要退回押金，就解除劳动合同。于是，蔡小姐向劳动仲裁机构提出申诉请求。劳动仲裁机构裁定：该商场在签订劳动合同中收取押金的做法是违法的，3000元押金应立即返还给蔡小姐。

【案例评析】根据1995年劳动部（现改为：人力资源和社会保障部）发布的《关于贯彻执行〈中华人民共和国劳动法〉若干问题的意见》第24条规定，用人单位在与劳动者订立劳动合同时，不得以任何形式向劳动者收取定金、保证金（物）、抵押金（物）。对违反以上规定的，由公安部门和劳动行政部门责令用人单位立即将其退还给劳动者本人。该商场在与职工建立劳动关系时，擅自向职工收取押金的行为，违反国家关于当事人平等自愿和协商一致的劳动关系的规定，侵害了职工的合法权益，必须予以制止。

活动体验

放了寒假的你们想去某酒店打寒假工，酒店以你们是未成年人为由需要扣押你的身份证，你会怎么办？

反观自我

知识探究

《中华人民共和国劳动合同法》第十条、第八十二条

第十条　建立劳动关系，应当订立书面劳动合同。

已建立劳动关系，未同时订立书面劳动合同的，应当自用工之日起一个月内订立书面劳动合同。

用人单位与劳动者在用工前订立劳动合同的，劳动关系自用工之日起建立。

第八十二条　用人单位自用工之日起超过一个月不满一年未与劳动者订立书面劳动合同的，应当向劳动者每月支付二倍的工资。

用人单位违反本法规定不与劳动者订立无固定期限劳动合同的，自应当订立无固定期限劳动合同之日起向劳动者每月支付二倍的工资。

案例启迪

【案情摘要】 张明是外地到沪打工的农民,目前经老乡介绍在一工地干活。张明在那里已经干了3个月,开始的时候和包工头约定的工资是每月1000元,工地上包吃包住。偶尔一天,张明听到关于签劳动合同的说法,就去问包工头,包工头说如果签了劳动合同,就需要每个月扣300块钱来交各种费用,张明觉得不划算,签合同的事就被他暂时放在了一边。

某一天,张明的侄子张华大学毕业,也到上海来工作,去看望了张明。在聊天的时候,张华知道了张明一直没有和包工头签劳动合同,觉得这样的做法不合理,就给他说了劳动合同的重要性,并陪张明一起去找了包工头要求签订书面的劳动合同,包工头拒绝了他们两人的要求。在努力协商没有结果的情况下,张华陪着张明向劳动仲裁委员会提出申诉,要求和用人单位签订书面合同,并且要求在未签订合同期间每月两倍工资作为赔偿。

【案例评析】 劳动仲裁委员会认为,张明与施工单位口头约定劳动合同内容,事实劳动关系成立,按照《劳动合同法》约定需要签订书面劳动合同,张明的请求合理。同时,根据《劳动合同法》第八十二条的规定,用人单位自用工之日起超过一个月不满一年未与劳动者订立书面劳动合同的,应当向劳动者每月支付二倍的工资。判决施工单位支付张明工作以来三个月工资的两倍,共计 $1000 \times 2 \times 3 = 6000$ 元的补偿。

活动体验

打寒假工的你们,收到了提前回校的通知,你们找老板结账走人,老板以你们没有签订书面合同为由克扣工资,老板的做法对吗?你该怎办?

反观自我

知识探究

《中华人民共和国劳动合同法》第二十二条

用人单位为劳动者提供专项培训费用,对其进行专业技术培训的,可以与该劳动者订立协议,约定服务期。

劳动者违反服务期约定的,应当按照约定向用人单位支付违约金。违约金的数额不得超过用人单位提供的培训费用。用人单位要求劳动者支付的违约金不得超过服务期尚未履行部分所应分摊的培训费用。

用人单位与劳动者约定服务期的,不影响按照正常的工资调整机制提高劳动者在服务期期间的劳动报酬。

案例启迪

【案情摘要】 2011年9月1日，员工郑某应聘到管道局某公司（以下简称"公司"）从事压缩机维检修工作，双方签订了劳动合同，劳动合同期限从2011年9月1日起至2014年8月31日止。

公司为了培养郑某的业务能力，对其进行了三次专业技术培训：2011年1月4日，郑某某和公司签订了培训协议书一份，约定由公司派送郑某到北京某公司进行发动机大修技术培训，结束培训后郑某需继续为公司服务5年以上，公司为其报销各项费用80000元。

2011年8月12日，公司和郑某签订了国内培训协议书，并作出上述相同内容的约定。同年8月至11月，公司派送郑某前往成都某公司进行发动机分解和装配培训，公司为郑某报销各项费用20000元。

2012年4月11日，公司和郑某又签订"国外培训协议书"一份，公司付费送郑某到美国进行发动机分解和装配技能培训，同样约定服务期5年，公司为其报销各项费用55000元。

然而，郑某在2013年9月3日向公司提出辞职并于9月19日离开公司。

【案例评析】 我国《劳动合同法》规定一般情况下企业不能与员工约定违约金，但对于用人单位为劳动者提供专项培训费用，对其进行专业技术培训的，可以与劳动者订立协议，约定服务期。劳动者违反服务期约定的，应当向用人单位支付违约金。员工违反了服务期的约定，应向单位支付违约金，但公司必须举证证明所花的费用，向仲裁委申请劳动仲裁，在仲裁过程中，郑某主动和公司联系要求和解，达成赔偿协议。

活动体验

小王大学毕业与某企业签订了劳动合同，服务期为三年。在小王工作的第二年考上了公务员，需要与原单位解除合同。原单位要求小王支付违约金，小王拒绝支付，如果你是法官，你该怎么判？

反观自我

_____
_____
_____

知识探究

《中华人民共和国劳动合同法》第二十三条、第二十五条

第二十三条　用人单位与劳动者可以在劳动合同中约定保守用人单位的商业秘密和与知识产权相关的保密事项。

对负有保密义务的劳动者，用人单位可以在劳动合同或者保密协议中与劳动者约定竞

业限制条款，并约定在解除或者终止劳动合同后，在竞业限制期限内按月给予劳动者经济补偿。劳动者违反竞业限制约定的，应当按照约定向用人单位支付违约金。

第二十五条　除本法第二十二条和第二十三条规定的情形外，用人单位不得与劳动者约定由劳动者承担违约金。

案例启迪

【案情摘要】 2013年10月22日，张某某与宁波某某汽车部件发展有限公司重庆分公司签订了"薪酬协议"，约定：某某汽车部件公司聘用张某某担任设备管理员兼电工，为期3年……从协议生效之日起，任何一方中途违约，违约方应赔付对方违约金10万元。2013年11月10日，张某某与某某汽车部件公司签订了劳动合同书，约定：张某某在某某汽车部件公司从事设备管理工作，合同期限自2013年10月17日起至2016年10月16日止，执行不定时工作制度。作为该合同附件的"补充协议"约定：合同违约赔偿金为5000元。2014年4月18日，某某汽车部件公司以其不再需要设置设备管理员岗位为由，向张某某发出"终止（解除）劳动合同通知书"。此后，张某某遂提起诉讼，请求某某汽车部件公司支付违约金。

法院审判：根据双方签订的劳动合同书，双方的劳动合同期限为2013年10月17日至2016年10月16日。2014年4月18日，某某汽车部件公司以其不再需要设置设备管理员岗位为由，向张某某发出"终止（解除）劳动合同通知书"，已构成违约。《劳动合同法》第二十五条规定，除本法第二十二条和第二十三条规定的情形外，用人单位不得与劳动者约定由劳动者承担违约金。本案中，某某汽车部件公司与张某某在"薪酬协议"中关于"任何一方违约，应当赔付对方违约金10万元"的约定不属于《劳动合同法》第二十二条和第二十三条规定的情形，故该约定对张某某无效，但对某某汽车部件公司仍具有约束力。后双方签订的"劳动合同书"中约定违约赔偿金为5000元，系双方对违约金进行了重新约定，应以双方最后的合意为准，故某某汽车部件公司应支付张某某违约金5000元。

【案例评析】 除《劳动合同法》第二十二条和第二十三条规定的情形外，用人单位与劳动者在劳动合同中约定违约金条款的，该违约金条款对劳动者不具有约束力，但该违约金条款对用人单位仍具有约束力，用人单位违约的，应当承担违约责任。

活动体验

调查自己身边已经参加工作的亲朋好友签劳动合同的情况并向他们宣传普及相关法律知识。

反观自我

_____

_____

知识探究

《中华人民共和国劳动合同法》第二十四条

竞业限制的人员限于用人单位的高级管理人员、高级技术人员和其他负有保密义务的人员。竞业限制的范围、地域、期限由用人单位与劳动者约定，竞业限制的约定不得违反法律、法规的规定。

在解除或者终止劳动合同后，前款规定的人员到与本单位生产或者经营同类产品、从事同类业务的有竞争关系的其他用人单位，或者自己开业生产或者经营同类产品、从事同类业务的竞业限制期限，不得超过二年。

案例启迪

竞业限制得遵守

【案情摘要】邵某系某电子设备公司电气工程师，在公司内担任技术部门主管，主要从事产品开发工作，与公司订有无固定期劳动合同。该公司组织邵某和其他几名技术部门员工一起开发一种新的电子产品，在取得了初步成果的基础上，公司准备投入资金进一步开发。为了保证新产品的顺利开发和新产品在市场竞争中立于不败之地，公司要求与邵某等员工签订保密协议。协议约定：参与研制此项目的员工对项目研制过程和结果予以保密，如果因个人原因离开本公司的，则在三年之内不得前往与本公司有竞争关系的企业工作；作为补偿，公司在合同结束时给予一定的经济补偿费。邵某等员工对保密协议没有异议，双方签字生效。

后来，邵某认为公司给予产品研发人员的待遇太低，而本市某生产同等性能电子产品的另一电子企业可以提供较高的工资待遇，于是，邵某即以个人原因为由向公司提出辞职要求解除劳动合同，根据有关规定，公司同意了邵某的辞职申请，支付了保密协议约定的经济补偿费，双方结算办理了相关离职手续。辞职后，邵某便与该企业联系，经多次协商，邵某与该企业签订了劳动合同，并进入该企业工作。

电子设备公司发现邵某在生产同类产品的企业工作，即与邵某联系，认为邵某违反了双方签订的保密协议，要其离开该企业，邵某未予同意，电子设备公司即诉至劳动争议仲裁委员会，要求邵某履行保密协议离开该企业。

【案例评析】本案中，邵某因参与了电子设备公司的新产品研制而掌握了该公司的商业秘密，电子设备公司通过与开发新产品的员工签订保守商业秘密的竞业限制协议来保护企业的合法利益，尽管对邵某的择业权进行了适当的限制，但根据有关规定是合法有效的。因此，邵某辞职后进入有竞争关系的企业参与同类产品的研制工作违反了与电子设备公司的保密协议，属违约行为，邵某应当履行保密协议中的竞业限制约定，离开该企业。

活动体验

如果小张已与原单位解除劳动合同，小张是否能进入与前单位有竞争关系的企业务工并从事与前单位相同的工作岗位？为什么？

反观自我

_____
_____
_____

知识探究

《中华人民共和国劳动合同法》第三十九条

劳动者有下列情形之一的，用人单位可以解除劳动合同：
（一）在试用期间被证明不符合录用条件的；
（二）严重违反用人单位的规章制度的；
（三）严重失职，营私舞弊，给用人单位造成重大损害的。

案例启迪

【案情摘要】2014年6月16日，宋某向公司人事部门出具保证书，上载："本人将于2014年7月23日至8月5日，因私去意大利旅游。本人已申请上述期间的带薪休假并已获得部门领导批准。请人力资源部协助办理签注所需的工作和收入证明"。后公司人事部门为宋某开具了在职证明。同年7月21日，宋某向上级江某提出探亲休假获得批准，探亲休假的时间为2014年7月28日至8月4日。同年7月28日，宋某从上海离境赴意大利，于同年8月4日从意大利返还上海。

2014年9月29日，公司向宋某发出解除劳动合同通知函，载明："经查实，你在任职期间内，有利用工作时间从事私人事务、违反诚实和职业道德、损害公司利益等行为，违反员工手册第77条、第88条之规定，现公司决定按员工手册第92条的规定，立即与你解除劳动合同。"宋某对此不服，后双方涉诉。法院判决公司解除合法。

【案例评析】国务院出台《关于职工探亲待遇的规定》至今已有几十年，当年私营企业还属罕见。按探亲假规定，只针对国家机关、人民团体和全民所有制企业、事业单位员工，其他企业的探亲假不是强制规定，而是用人单位单方面给予员工的福利待遇。宋某公司出台探亲假是为了给员工每年享受探亲的福利待遇，宋某请探亲假却不探亲，而是以探亲的名义出国旅游，显然违反了企业的探亲假目的。诚实信用不但是为人之本，也是《劳动合同法》的一项基本原则，宋某要么请求批准其他假，比如年休假、事假；要么实事求是请求单位的批准。但是宋某却谎称探亲假，违反了诚实信用原则，也违反了公司的规章制度。其探亲假不探亲，则为旷工，公司为规范管理，按照严重违章条款解除劳动合同并无不当。

活动体验

如果小张在工作中严重失职，给用人单位造成严重经济损失，用人单位可以与小张解除劳动合同吗？为什么？

反观自我

知识探究

《中华人民共和国劳动合同法》第三十九条

劳动者有下列情形之一的，用人单位可以解除劳动合同：

（一）在试用期间被证明不符合录用条件的；

（二）严重违反用人单位的规章制度的；

（三）严重失职，营私舞弊，给用人单位造成重大损害的；

（四）劳动者同时与其他用人单位建立劳动关系，对完成本单位的工作任务造成严重影响，或者经用人单位提出，拒不改正的；

（五）因本法第二十六条第一款第一项规定的情形致使劳动合同无效的；

（六）被依法追究刑事责任的。

案例启迪

【案情摘要】王某到某公司应聘填写录用人员情况登记表时，隐瞒了自己曾先后2次受行政、刑事处罚的事实，与公司签订了3年期限的劳动合同。事隔3日，该公司收到当地检察院对王某不起诉决定书。经公司进一步调查得知，王某曾因在原单位盗窃电缆受到严重警告处分，又盗窃原单位苫布被查获，因王某认罪态度较好，故不起诉。请问：该公司调查之后，以王某隐瞒受过处分，不符合本单位录用条件为由，在试用期内解除了与王某的劳动关系是否合理？

【案例评析】根据《劳动合同法》的规定，订立劳动合同，应当遵循合法、公平、平等自愿、协商一致、诚实信用的原则。同时，用人单位有权了解劳动者与劳动合同直接相关的基本情况，劳动者应当如实说明。劳动者和用人单位在法律上处于平等的地位，且劳动合同订立的过程是完全出于当事人自己的意愿，而且是出于内心的真实意思表示。劳动合同订立的过程中，劳动者和用人单位必须诚实、善意地行使权利，不诈不欺，诚实守信。同时，根据《劳动合同法》第三十九条的规定，在试用期期间，劳动者不符合录用条件的，用人单位可以与劳动者解除劳动合同，而且用人单位并不需要支付经济补偿金。

本案中，王某在填写录用人员情况登记表时，隐瞒了自己曾先后2次受行政、刑事处罚的事实，是一种不诚实，不善意的行为，违背了诚实信用原则。虽然签订合同是双方自愿的，但这种自愿是建立在虚假材料的基础上的，本质上是违背了平等自愿的原则。

活动体验

如果小张在签订劳动合同时，故意隐瞒自己受过行政、刑事处罚的事实，以此为依据，日后用人单位核实信息后，是否有权与小张解除劳动合同？

反观自我

知识探究

《中华人民共和国劳动合同法》第四十二条

劳动者有下列情形之一的，用人单位不得依照本法第四十条、第四十一条的规定解除劳动合同：

（一）从事接触职业病危害作业的劳动者未进行离岗前职业健康检查，或者疑似职业病病人在诊断或者医学观察期间的；

（二）在本单位患职业病或者因工负伤并被确认丧失或者部分丧失劳动能力的；

（三）患病或者非因工负伤，在规定的医疗期内的；

（四）女职工在孕期、产期、哺乳期的；

（五）在本单位连续工作满十五年，且距法定退休年龄不足五年的；

（六）法律、行政法规规定的其他情形。

案例启迪

【案情摘要】深圳某合资公司由于生产经营的需要，聘用了电气工程师蒋某，双方签订了为期3年的劳动合同，试用期4个月。但蒋某在上班的第五天就患了流行性感冒，发烧38℃，蒋某担心被炒鱿鱼，就带病工作，结果转成肺炎住进了医院。公司随即以蒋某在试用期生病为由，解除了蒋某的劳动合同。蒋某在征询了法律人士的意见后，向劳动争议仲裁委员会提出申诉。

劳动争议仲裁委员会经过调查后认为，该公司在尚未证明蒋某是否不符合录用条件的情况下，以蒋某患病为由，单方面解除劳动合同，这种做法是不符合《劳动法》规定的，应当予以纠正。因而裁定，双方应继续履行原劳动合同。

【案例评析】我国《劳动法》第二十九条规定，劳动者患病或者非因公负伤，在固定的医疗期内，用人单位不得解除劳动合同。医疗期是指企业职工患病或者非因公负伤停止工作治病休息不得解除劳动合同的期限。根据《企业职工患病或者非因公负伤医疗期的规定》中的第三条规定企业职工因患病或者非因工负伤，需要停止工作医疗时，根据本人实际参加工作年限和在本单位工作年限，给予2～24个月的医疗期。本案中，蒋某虽然在试用期内生病，但试用期同样属于劳动合同那个期限。因此，按规定应享受3个月的医疗期。

该公司的正确做法是：让蒋某享受劳动法规定的医疗期，公司可以待蒋某在医疗期内病愈上班后，继续对其试用。如果蒋某在医疗期满以后，不能从事原工作，也不能从事另行为他安排的工作时，公司可依据《劳动法》的相关规定，解除与他的劳动合同。

活动体验

用人单位可以解除与产假期间女职工的劳动合同吗？

反观自我

_____

_____

_____

知识探究

《中华人民共和国劳动合同法》第四十五条

劳动合同期满，有本法第四十二条规定情形之一的，劳动合同应当续延至相应的情形消失时终止。但是，本法第四十二条第二项规定丧失或者部分丧失劳动能力劳动者的劳动合同的终止，按照国家有关工伤保险的规定执行。

案例启迪

【案情摘要】2009年3月至2012年7月，罗某某在重庆市某某煤业有限公司从事采煤工作，某某煤业公司为罗某某参加了工伤保险。2012年10月24日，重庆市疾病预防控制中心诊断罗某某为煤工尘肺一期。2013年3月14日，重庆市北碚区人力资源和社会保障局认定罗某某为工伤。2013年5月16日，重庆市北碚区劳动能力鉴定委员会鉴定罗某某伤残等级为七级。后重庆市北碚区工伤保险管理所将罗某某的一次性伤残补助金、一次性工伤医疗补助金通过转账方式支付给某某煤业公司，但某某煤业公司未向罗某某支付。罗某某遂提起本案诉讼，请求某某煤业公司予以返还。

法院判决：罗某某受伤系工伤，依法应享受各项工伤保险待遇。某某煤业公司依法为罗某某参加了工伤保险，故应由工伤保险基金支付罗某某一次性伤残补助金和一次性工伤医疗补助金。某某煤业公司从重庆市北碚区工伤保险管理所领取上述费用后应当向罗某某支付，但其未支付，现罗某某请求某某煤业公司予以返还，符合法律规定，对罗某某的诉讼请求应当予以支持。

【案例评析】用人单位依法为劳动者参加了工伤保险，劳动者发生工伤后，用人单位为劳动者办理工伤保险待遇申领手续并代劳动者领取工伤保险待遇后，应当及时支付给劳动者。用人单位拒不支付的，劳动者可以要求用人单位予以返还。

活动体验

如果在上班途中摔倒受伤，可以向用人单位申请工伤吗？

反观自我

_____
_____
_____

知识探究

《中华人民共和国劳动合同法》第八十三条

用人单位违反本法规定与劳动者约定试用期的，由劳动行政部门责令改正；违法约定的试用期已经履行的，由用人单位以劳动者试用期满月工资为标准，按已经履行的超过法定试用期的期间向劳动者支付赔偿金。

《中华人民共和国劳动法》第二十一条

劳动合同可以约定试用期。试用期最长不得超过六个月。

案例启迪

【案情摘要】徐某与某公司签订了为期3年的劳动合同，合同约定试用期4个月。徐某在试用期间表现尚可，但试用期满后考试成绩却不甚理想。公司决定延长徐某的试用期半年。延长使用期间不按照原劳动合同享受有关工资和其他待遇。徐某认为试用期满后，公司应履行劳动合同，按合同约定享受有关工资和其他待遇。双方对此各持己见。徐某无奈，向劳动争议仲裁委员会提出申述。

仲裁委员会受理此案后，经调查情况属实。经调解该公司同意取消对徐某延长试用期的决定，并按原合同履行。

【案例评析】在劳动合同中，双方当事人约定的使用期限是由《劳动法》规定的。《劳动法》第二十一条规定，劳动合同可以约定试用期，试用期最长不得超过6个月。按照这一规定，企业与劳动者订立劳动合同时协商约定的试用期满后，不得以任何理由再延长试用期，否则即构成违法。

企业对于试用期间被证明不符合录用条件的劳动者，可以解除劳动合同，也可根据企业的具体情况不解除劳动合同，但不得附加法律以外的条件。本案中，该公司显然不想与之解除劳动合同，但公司因徐某考试成绩不甚理想又担心其难以胜任工作，决定对其延长试用期的做法显然是违反了法律规定。

活动体验

用人单位可以将试用期设置为一年吗？为什么？

反观自我